外研社基础外语教学与研究丛书·英语教师发展系列

主　编　程晓堂
副主编　韩　刚　林　立

外语教学方法与流派

武和平　武海霞　编著

外语教学与研究出版社
FOREIGN LANGUAGE TEACHING AND RESEARCH PRESS
北京 BEIJING

图书在版编目（CIP）数据

外语教学方法与流派 ／ 程晓堂主编；武和平等编著. — 北京 ：外语教学与
研究出版社，2014.12（2022.4 重印）
（外研社基础外语教学与研究丛书. 英语教师发展系列）
ISBN 978-7-5135-5429-9

Ⅰ. ①外… Ⅱ. ①程… ②武… Ⅲ. ①外语教学－教学法 Ⅳ. ①H09

中国版本图书馆 CIP 数据核字 (2014) 第 302014 号

出 版 人　王　芳
项目负责　范海祥
责任编辑　关静瑞
封面设计　张　峰
出版发行　外语教学与研究出版社
社　　址　北京市西三环北路 19 号（100089）
网　　址　http://www.fltrp.com
印　　刷　北京盛通印刷股份有限公司
开　　本　650×980　1/16
印　　张　12
版　　次　2014 年 12 月第 1 版 2022 年 4 月第 9 次印刷
书　　号　ISBN 978-7-5135-5429-9
定　　价　39.00 元

基础教育出版分社:
地　　址: 北京市西三环北路 19 号 外研社大厦 基础教育出版分社 (100089)
咨询电话: (010)88819117/88819688
传　　真: (010)88819422
网　　址: http://www.unischool.cn
电子信箱: beed@fltrp.com

购书咨询:（010）88819926　电子邮箱: club@fltrp.com
外研书店: https://waiyants.tmall.com
凡印刷、装订质量问题，请联系我社印制部
联系电话:（010）61207896　电子邮箱: zhijian@fltrp.com
凡侵权、盗版书籍线索，请联系我社法律事务部
举报电话:（010）88817519　电子邮箱: banquan@fltrp.com
物料号: 254290001

记载人类文明
沟通世界文化
www.fltrp.com

外研社基础外语教学与研究丛书
——英语教师发展系列

总 序

从 2001 年开始实施的基础教育英语课程改革已经走过了十余年的历程。英语新课程不仅对传统的教学理念和教学方法提出了挑战，而且对广大英语教师提出了更高的要求。提高英语教师的新课程执行力是当前进一步推进课程改革的关键。为满足这一新形势的需要，经过广泛的调研，外语教学与研究出版社决定开发一套基础教育英语教师发展系列丛书，旨在帮助英语教师尽快领会新课程精神，转变教学观念，探索新的教学方法，从而提高英语教师的新课程执行力。

现有的关于英语教育教学的书籍大体可分为两类：第一类以传授教学技巧为重点，主要介绍具体的课堂操作步骤，类似于与教材配套的教师用书。教师读后可以模仿，或按照书中描述的步骤操作。但这类书籍缺少理论介绍，多数是作者根据自己的经验编写的。第二类则以理论介绍和探究为重点，虽然也涉及对理论的应用，但通常较为宽泛，缺乏实践性和针对性。

出于为广大教师的教学实践提供全方位支持的目的，我们特邀国内长期从事基础教育阶段英语教育和教学研究的专家和学者，以当前课程改革的需要为大背景，以满足一线英语教师的实际需求为写作目标，为一线英语教师编写了本套自主发展丛书。丛书在选题上具有以下特色：

（1）既有对典型教学案例的介绍与分析，又有理论方面的点拨，将理论与实践有效地结合起来；

（2）细化了英语教学的语言知识与技能教学，紧扣新课标对各种语言技能、语言知识的教学要求以及各项技能的教学原则，阐述语言技能的教学策略，提供教学方法的建议。

通过阅读本套丛书，教师既可以了解国际先进的英语教学理念，又可以从优秀教学案例中汲取经验，并结合案例反思，提高教师自身的理论水平。

本套丛书旨在促进英语教师专业知识的发展，力争使教师在现有专业知识和经验的基础上，获得更多的对语言、语言学习、语言教学以及语言教学环境等与英语教育相关的基本因素的理解，从而使英语教师的理论知识、实践知识和个人经验有机地融为一体。为了实现以上编写目的，本套丛书在框架结构和体例上有以下三个特点：

（1）基于主题的篇章结构

本套丛书既不同于传统的教学法丛书，也不同于成系列的理论专著，因为它的目的不在于向教师系统介绍与英语教学相关的语言学、教育心理学或英语教学理论知识，而是根据教师英语课堂教学与教学研究的实际需要，筛选出与英语教师教学与研究经验直接相关的主题，针对这些主题进行实用型讲解。正是因为本套丛书从讨论这些与教学实际过程密切相关的主题出发，与主题相关的语言学、教育心理学或英语教学理论知识才有可能在教师最需要获得的时刻（讨论具体教学问题时）、以教师最容易理解的形式（解读日常教学问题的方式），得到更清楚、简明的介绍和解释。

（2）基于案例的表达方式

与一般社会科学理论专著的表达方式不同，本套丛书介绍和描述的主要内容不是概念、原理、论点、论据，而是与英语教学实践直接相关的有关教学实际问题的讨论。其中，教学案例及其意义是本套丛书所要表达的核心内容。与理论专著中为说明理论而采用案例的表达方式不同的是，本套丛书利用作者对案例的描述、分析和理论解释，为读者提供一种基于案例讨论与互动性反思和交流的特殊话语形式，包括对教学案例的描述、对教学案例的分析和对教学案例的理论解释。

（3）基于对话的叙事风格

为了让读者更深入地理解丛书内容，作者不仅保持了一种类似于与读者对话的写作交流方式，而且注意发掘读者可能存在的问题、困惑和误解。在对话过程中，利用点评、建议等将这些问题、困惑以及误解揭示出来，通过提问、讨论和反思报告等形式，让教师直接参与讨论。

本套丛书既可以作为教师专业培训教材（主要阅读对象是参加中小学英语教师培训的教师），也可以作为教师自主发展读物（阅读对象为需要获得专业发展的广大中小学英语教师，特别是英语教师教育资源相对缺乏地区的英语教师），还可以作为新教师上岗前的准备读物和参考读物（阅读对象为师范院校英语教育专业的本科毕业生或研究方向为英语课程与教学论的硕士毕业生）。

本套丛书是一个开放的系列。我们希望读者及外语教育界的同行为丛书的编写和出版出谋划策，也欢迎加入到我们的作者队伍之中。

本套丛书作者、编委会成员以及外语教学与研究出版社基础教育出版分社的编辑为丛书的编写和出版工作付出了辛勤劳动。在此，我谨代表丛书编委会向他们表示衷心的感谢。对于丛书中的不足之处，也恭请广大读者批评、指正。

程晓堂

于北京师范大学

前　言

　　自从有了不同地域、不同民族、不同语言的人们之间的交流，就有了非母语（即外语或第二语言）学习和教学的需要，随之也就产生了外语教学的方法和思想。但是对这些方法和思想的深入思考和系统梳理，距今也不过数百年的历史。从某种意义上讲，一部外语教学史，就是一部外语教学方法和思想的演进史，因为一谈到外语教学，大家都会不由自主地陷进寻求最佳教学方法的迷思之中。在过去的一百年里，具有世界范围影响力的外语教学方法就不下十几种。而追寻"最佳的方法"也成了外语教学研究的思维定势，甚至一度遮蔽了我们对外语教学其他问题的深入思考和探索。这种对方法的迷信直至上个世纪六七十年代才被打破，并直接催生了"后方法"时代的来临。

　　"后方法"时代颠覆了传统方法的权威地位，但却并未给教师插上自由飞翔的翅膀。在解构了传统方法的体系之后，"后方法"留给我们的是一个巨大的话语真空，容易让一线的外语教学实践者迷失其中，无所适从。正如美国语言教学专家里弗斯（Rivers，1992）所说："语言教学的潮流来了又走，课堂第一线的教师需要确信在流沙一样的方法下面有坚硬的河床。教师要像海葵一样紧紧扎根于坚硬的河床中，才能随着各种浪潮摆动而不会有随波逐流的危险。"

　　外语教师的教学知识曾经仅仅限于语言教学方法与流派，几乎每个科班出身的外语教师都能对重要的语言教学方法与流派的思想源流、理论主张和方法步骤如数家珍。在"后方法"浪潮的冲击下，方法概念不再居于语言教学思想理论的中心或统治地位，经过数百年历史演进的方法概念，几乎在一夜之间从语言教学的教科书及课堂中消失了。但是"后方法"与方法并非不可调和，不唯方法不等于不讲方法。恰恰相反，方法仍是教师建构教学理论的重要组成部分。一项针对全球 61 个国家的八百多名外语教师的调查研究显示，在"后方法"时代，外语教学方法，包括一些传统方法，在全球的外语教师中仍有较高的认同度，因为这些方法是外语教学思想史留给今天的语言教师的最大的一笔历史遗产，是教师反思体验和实践行动的重要理论资源，也是教师赖以扎根的"坚硬的河床"。

呈现在大家面前的这本小书，就是从"后方法"的视角来讨论外语教学方法与流派的，因此在写法上，可能与已有的同类书籍有所不同。本书遵循"道器并重，体用相涵"的原则，力求有所突破。在简要介绍每一种方法流派及其相关理论的同时，也通过案例解析和对话交流等手段，引导教师从思想理念和方法实践两个维度，更深层次地思考与每一种外语教学方法与流派相关的问题。除首尾两章分别简介教学方法与流派和从"后方法"的角度加以总结外，第二至十一章每章着重介绍一种方法或流派，编写结构安排如下：

【方法概述】主要叙述该方法流派产生的社会文化和理论背景，以及该方法流派有别于其他方法流派的最主要特征。

【典型课堂】通过案例描述该方法的课堂操作程序、步骤及活动。

【案例解析】对上述案例所涉及的关键理念和教学原则进行分析和解释。

【理论链接】介绍该方法流派所涉及的语言学、心理学、教育学及社会学理论。

【对话交流】通过专家与教师问答的方式，澄清该方法流派的一些有争议的问题，并对该方法流派在教学方法发展史上的地位和作用进行评价。

本书引用和改编了国内外研究者在其著述中的一些教学案例，特别是章兼中教授、顾曰国教授及 Larsen-Freeman 教授相关著作中的案例，在此向这些研究者谨致谢忱。

感谢外语教学与研究出版社的范海祥先生和林红女士，正是他们的坚持和督促以及一丝不苟的专业精神，才使我最终下决心完成这本似乎与"后方法"时代不甚合拍的小书。感谢王秀秀女士、张维民先生、任翔先生及王安华女士，他们抽出宝贵时间，校读全书，使这本书更具可读性。西北师范大学外国语学院的部分研究生同学，为本书查阅了部分资料，在此一并感谢。

因视野所囿，水平所限，加之成稿时间仓促，舛误难免，敬希读者批评指正。

武和平
2014 年 7 月

目　录

第一章　外语教学方法与流派

通过本章学习，你将能够：

- 了解现代外语教学思想发展的主要历史脉络及每一种流派的核心思想
- 对外语教学方法与流派进行初步归类
- 理解学习外语教学方法与流派知识对教师的价值与作用

第一节　概述

黑格尔（1959）曾经说过："我们之所以是我们，是因为我们有历史。"从事和研究语言教学工作，应该了解语言教学所经历的曲折道路以及不同历史时期的重要语言教学流派，这样才能更深刻地理解当代语言教学所关注的各类问题及各种理论，对语言教学思想的延续性和继承性有所体悟。

外语教学究竟源于何时，已难以稽考。但有一点我们大致可以断定，那就是人类语言学习的历史差不多同人类的历史一样久远。我们可以猜想，在古代，当不同族裔的人们（例如我国古代的中原与西域地区以及英国早期的盎格鲁—撒克逊人和凯尔特人）相互交流时，学习和教授非本族语言的问题就已随之出现了。在我国，最早的学校外语教学距今已有近两千年的历史。据《后汉书·儒林传》记载："显宗（即明帝）复为功臣子孙，四姓末族，别立学舍，搜选高能，以授其业……匈奴亦遣子入学"（转引自付克，1986）。东汉洛阳的太学可以说是中国最早接受外国留学生的大学，这也可以看作是我国有史记载的学校外语教学的开端。西方历史上一些著名的哲学家、思想家和教育家（如英国哲学家洛克、法国思想家卢梭、捷克教育家夸美纽斯等）曾对外语学习和教学进行过深入的思考，并提出了真知灼见。然而，对历史上的外语教学方法进行总结归纳，并在此基础上形成系统的外语教学思想和流派，却是近一两百年的事（Howatt，1984）。从现在的视角来看，数千年外语学习和教学的发展史就是一部教学方法和流派的演进史。方法的更替和流派的演变是外语教学发展史的主旋律，"方法"成为各种教学流派的核心概念，也是外语教学思想发展留下的最丰富的历史遗产。

已经过去的 20 世纪，以及拉开序幕不久的 21 世纪，都见证了外语教学方法与流派的兴亡和更替，各种方法和流派纷至沓来，呈现百花齐放、百家争鸣的盛况，其中具有影响力的就不下十余种。学习、熟悉和研究这些语言教学流派形成、演变和发展的历史，可以帮助外语教师把握教学思想发展的历史脉络，继承外语教学发展的历史遗产，从外语教学思想和方法的发展历史中获取启示和灵感，指导自身外语教学的反思和实践，在历史的坐标上对现在的教学思想、教学方法及教学实践定位，以便清醒地把握外语教学发展的历史走向和未来趋势。

阅读与思考：
- 列举你所知道的主要外语教学方法与流派。
- 外语教师为什么要学习教学方法与流派知识？

第二节　外语教学流派发展的历史

如前所述，不同民族、不同语言的人们相互交流的历史可能与人类的历史一样久远，历史上也不乏有识之士对外语学习和教学方法进行思考和探索，但系统性的外语教学方法与流派的出现，距今不过一两百年的时间。现将各种方法与流派简述如下：

1. 语法翻译法

语法翻译法是最古老的外语教学法，其基本教学原则和方法的雏形可以追溯到中世纪欧洲人教希腊语、拉丁语等古典语言时所采用的教学法。到了 18 世纪，欧洲的学校虽然开设了现代外语课，但仍然沿用语法翻译法。在早期的英语教学发展史上，语法翻译法长期占据主导地位。作为一种历史悠久、影响颇深的外语教学流派，语法翻译法的基本程序和方法在中世纪古典语言学习和教学中已初具雏形，其主要出发点是为了简化语言教学，确保句子的准确性。

到了 19 世纪，随着经济的发展，特别是铁路和航空等现代交通工具的发展，以及人们日常交往和商业贸易范围的不断扩大，传统的语法翻译教学法已无法适应社会对外语水平的要求。也正值此时，一些外语教学改革运动的先驱，开始了对语法翻译法弊端的反思和批判。19 世纪末的改革运动在英语教学史上有着独特的地位。这场运动建立在三个基本原则之上：第一，口语的重要性；第二，以课堂为教与学的中心；第三，课堂上外语口语授课的绝对优势。这一教学改革运动最终成为直接法的先导。

2. 直接法

直接法是 19 世纪下半叶始于西欧的外语教学改革运动的产物，是语法翻译法的对立面。在直接法中，教师采取渐进式的问答法来引导学生开口说话，学生则必须专心地"停、看、听"，善用教师示范的目的语及其他相关背景信息，然后学习用目的语回答教师的问题。教师是标准目的语唯一的示范者，所以教学时一律不用学生的母语讲解。直接法兴起于 19 世纪 60 年代，至 20 世纪 20 年代逐渐没落，在规模较小的语言学校推行得非常成功，因为教师用目的语直接进行教学时，可以照顾到每个学生的反应与需要。

3. 听说法

听说法是历史上第一个由政府组织相关领域的专家"设计"的外语教学方法。二战时期，美国参战后需大量派军前往海外，为了搜集情报，美军请驻地当地人提供重要情境所需的语言词汇与句型，请考古学者提供驻地的文化习俗，请语言学者协助设计编排教学对话及督导学习，然后指派学习动机强烈的学员，接受密集训练，结果成效斐然。这即是听说法的前身。听说法以行为主义心理学和结构主义语言学为理论基础，把听说放在首位，通过对口头句型的反复机械操练，建立刺激与反应之间的联系，最终形成习惯，自动化地运用所学的语言材料。

4. 认知法

认知法又称"认知—符号法",产生于 20 世纪 60 年代的美国。认知法反对在教学中进行反复的机械操练,认为语言学习是受规则支配的创造性活动,语言学习是掌握规则,而不是形成习惯,故而提倡用演绎法讲授语法。认知法主张在学习发音的同时学习文字,提倡从一开始就同时训练听、说、读、写四种语言技能,允许使用本族语和翻译的手段。它强调理解在外语教学中的作用,主张在理解新学语言材料的基础上创造性地运用语言。认知法以认知心理学和转换生成语言学为理论基础,把外语教学法建立在更加科学的基础之上。

5. 全身反应法

全身反应法同样产生于 20 世纪 60 年代的美国,并于 20 世纪 70 年代达到盛行,创始人为美国加利福尼亚州圣何塞州立大学的阿舍(J. Asher)教授。该方法倡导把语言和行为联系起来,通过身体动作教授外语。全身反应法主要依据大脑两半球不同功能的理论(即右脑主司形象思维,左脑主司逻辑思维),注重在形象思维的基础上发展逻辑思维。因此,它强调在真正的情景中进行教学。在典型的全身反应法的课堂上,教师在授课时会先让一位学生站在讲台前,根据指令做动作,全班同学反复听教师的指令,看该学生的动作。等大多数学生理解了指令的意义后,教师可亲自或请成绩较好的学生发出相同的指令,要求全班同学按照指令做动作。它旨在通过身体的感知,促进学生对语言的体验。

20 世纪 70 年代是外语教学发展史上的一个分水岭(Stern,1983)。一方面,随着错误分析、中介语及学习者学习策略等新兴研究领域的兴起,"方法"已不再是外语教学和研究所关注的唯一领域,学习者因素也得到了越来越多的关注,并直接催生了二语习得等新兴学科;另一方面,某一种教学方法独领风骚的局面被打破,教学方法和流派进入多元化时代,以交际法为代表的一个教学方法群开始出现,包括沉默法、暗示法、群体学习法和自然法等。

6. 交际法

交际法是 20 世纪 70 年代根据语言学家海姆斯(D. Hymes)的交

际能力理论和韩礼德（M. Halliday）的功能主义语言学理论形成的，是全世界影响较大的外语教学法流派。交际法认为，语言是人们交际的工具，是我们表达意念和情感的工具；职业不同，对语言的要求和需要也不同，教学内容也可以不同。因此，外语教学应着重满足不同群体学习者的不同语言学习需求。交际教学法主张外语教学不要像语法翻译那样以语法为纲，也不要像听说法那样以结构为纲，而是要以语言的表意功能为纲，针对学生今后使用外语的需要选择教学内容，通过接触、模仿范例练习和自由表达思想三个步骤来组织教学。其最大的优点是从学生的实际出发确定学习目标，使教学过程交际化，培养学生的交际能力。

20 世纪 90 年代以后，外语教学的研究领域进一步拓展，随着语言学、应用语言学、第二语言习得、外语教师教育、语言教育技术、语料库技术等"方法"范畴之外的新兴学科和研究领域的兴起和发展，"方法"不再居于外语教学和研究话语体系的核心地位，于是外语教学进入了"后方法"时代。但耐人寻味的是，正是在有人宣称"方法已死"的"后方法"时代，新的外语教学方法却如雨后春笋般不断涌现，比如全语言教学法、基于任务的教学法、基于项目的教学法、基于内容的教学法、基于主题的教学法、词汇法等等。这一现象一方面反映了方法中心论长期的思维惯性，另一方面也反映了我们对外语教学规律的深刻理解和持续探索。

7. 全语言教学法

全语言教学法最早的倡导者之一为美国语言学家古德曼（K. Goodman）。他将全语言教学法定义为"一种视儿童语言发展和语言学习为整体的思维方式"（Goodman，2005）。全语言教学法最早是美国、加拿大等国用来教授儿童母语的教学思想，后来广泛用于第二语言的教学。全语言的"全"最主要表现在把语言看成一个整体，而非人为地将其肢解为诸如语音、语法、词汇、句法等个体单位，教授语言也不应人为地把听、说、读、写等技能割裂开来。

8. 基于任务的教学法

基于任务的教学法是指以任务为核心单位去计划和组织语言教学

活动的教学途径。基于任务的教学法源自盛行于 20 世纪七八十年代的交际语言教学方法，并于 20 世纪 90 年代在一批语言教学和学习专家的倡导和推动下，演变为一种具有全球影响的语言教学运动。我国 2011 年颁布的《义务教育英语课程标准（2011 年版）》（教育部，2012），也把基于任务的教学法作为主流英语教学方法向全国中小学英语教师推广。简而言之，基于任务的教学法就是让学习者在完成与生活经验直接相关的任务过程中体验、学习语言。学生在教师的指导下，通过直观感知、亲身体验、自主实践、积极参与和小组合作等方式，主动地运用所学语言去做事，在做事的过程中自然地运用所学语言，自然地提高语言运用的准确性、流利性和复杂性。它以完成具体任务为动力，以用语言做事为过程，以展示任务成果为评价手段，来体现教学的成效。

9. 基于项目的教学法

基于项目的教学法肇始于美国教育家杜威（J. Dewey）倡导的问题教学法，后经其学生总结、提炼并发扬光大，故而这一方法与杜威主张的"教育即生活""学校即社会"及"在做中学"等进步主义教育哲学思想是一脉相承的。该方法以学习者学习生活和社会生活中的问题为载体和驱动，力图创设一种类似于科学研究的情境，让学生通过收集、分析和处理信息来感受和体验知识的生产过程，同时接受语言输入，体验和使用语言，进而了解社会，学会学习，培养分析问题、解决问题的能力和批判性思维能力。近年来，随着互联网在教育领域的广泛应用，基于信息技术，特别是网络技术的项目式教学模式逐渐成为引人瞩目的外语教学方法之一。

10. 基于内容和基于主题的教学法

基于内容的教学法的前身为盛行于 20 世纪 70 年代的特殊用途外语教学运动以及加拿大的沉浸式语言教学法，是把语言教学目标与特定内容教学有机结合起来的教学方法，亦即将专业、学科教学内容同语言技能训练进行整合的教学方法，其最显著的特点是"消除在大多数环境下存在的语言学习和学科学习人为隔离的状态"（Brinton *et al.*，1989）。所以，基于内容的语言教学本质上是一种双重教学法，要求教师在所有的教学环节中都要明确自己的双重职责，即既教语言又教专业。与传统的语言教学课程以知识、技能、情景、功能等语言知识范畴为出发点迥然不同，基于内容的语言教学课程的出发点为学科内容，以内容的学习带动学习者语言运用能力的全面提高。

基于主题的教学法是基于内容的教学法的一种变体。主题教学模式强调以人（即英语学习者）为本，以培养英语学习者语言综合应用能力为目标，围绕同一主题范畴展开语言教学活动。具体来说，它旨在通过相关话题的输入建立起以内在的逻辑关系为核心的背景知识网，同时为学习者提供足以支持同类主题输出的语言材料，以更好地提高学习效果。所以，在这一模式下的学习者，将在不断扩展的知识外延中刺激原有的语境，进而扩大已知的语境，最终达到学习目的。比起基于内容的语言教学，主题式语言教学在学习材料的取舍、学习内容的安排和学习活动的设计上，都更强调主题与学生生活经验的联系，因此比前者更加灵活多样，更易激发学生的学习兴趣和学习动机。

11. 词汇法

词汇法为英国语言学家迈克尔·刘易斯（Michael Lewis）首创。传统的语言观将语言视为受规则支配的符号系统，把语言划分为语法与词汇两个孤立的部分。刘易斯指出了这种两分法的弊病，认为介于语法与词汇之间的词汇组块才是语言使用的重点，因此它理应成为语言教学的重点。他说："语言是由语法化的词汇，而不是由词汇化的语法组成的"（Lewis，1993）。词汇组块法可以把语言知识的学习和交际能力的培养有机结合起来，从而避免结构法和交际法的偏激倾向。

阅读与思考：
- 列举每个时代重要的外语教学流派的核心理念和教学方法。
- 比较听说法与交际法的主要特点。
- 在本节介绍的主要外语教学流派中，你最认同哪种？为什么？

第三节　流派的流派：英语教学流派的发展规律与历史脉络

在过去的二三百年里，外语教学法流派林立，主张各异，新理论、新方法层出不穷，看上去五花八门，让人眼花缭乱，目不暇接，而且充满了抽象艰涩的术语和理论。那么，在这些方法和流派的背后，有没有内在规律和发展脉络可寻呢？

加拿大语言学家麦基（W. F. Mackey）在考察了外语教学方法演变的历史后，发现了一个有趣的现象——"钟摆现象"：即当代的外语教学方法都可以在历史上找到相似的方法，外语教学思想发展的轨迹就好像钟摆的运动轨迹。他在《语言教学分析》一书中写道："如果我们考察语言教学的发展，首先就会看到在古代及中世纪，拉丁语言教学方法从积极地运用口语教授转变到文艺复兴时期的文法教学，后来又回到夸美纽斯所倡导的口语教学，再后来又是普洛茨的语法规则，最后又是直接法所提倡的口语优先"（Mackey，1967）。

从上节外语教学流派的介绍中，我们可以看出两条明显的主线：一条是形式主义的教学路子，另一条是活动主义的教学路子。在这两种主流观点中，前者强调语言形式、结构和规则的操练、记诵和翻译；后者则着重在语言的直接应用中给学生提供感知和体验语言的机会，培养学生的语言使用技能。前者重在语言形式分析，后者重在语言交际体验。这两种语言教学的路线在历史的长河中时而分离，时而接近，构成了外语教学思想演变的最主要线索。

两大教学流派的简单对比表

	形式主义（Formalism）	活动主义（Activism）
主要流派	语法翻译法（18 世纪） 听说法（20 世纪 40 年代） 认知法（20 世纪 60 年代）	直接法（19 世纪 60 年代） 全身反应法（20 世纪 60 年代） 交际法方法群（20 世纪 70 年代） 基于任务、项目、内容、主题的教学法（20 世纪 90 年代）
教学目标	以语言规则学习为主	以培养口笔语运用能力为主

（续表）

	形式主义（Formalism）	活动主义（Activism）
学习内容	语言的形式、结构及语法规则	以实用语言技能训练为主
哲学基础	理性主义	经验主义
主要方法	机械操练、记忆、背诵、翻译等	体验、活动、交流、合作等

造成"钟摆现象"的根本原因在于语言内部形式与意义之间的矛盾和冲突。我们知道，语言本身就是形式和意义的统一体，但在实际教学中，二者很难兼顾。是注重语言的形式，还是注重语言的意义？这构成了语言教学方法内部最突出的紧张关系。形式主义是以语言形式为先的教学体系，活动主义则偏重语言的意义。片面强调一方，通常是以忽略或否定另一方为代价的，容易从一个极端走向另一个极端，出现"钟摆现象"也就不足为奇了。

上个世纪 70 年代之后，外语教学思想演变的钟摆偏向了活动主义的一端，总的趋势是在语言教学中对意义给予更多的关注。这种教学思想的基本理念是把外语学习看成与母语学习类似的自然、本能的过程；要是条件适宜，人的这种自然天性就会得到激发；教师的作用就是帮助学生营造一个自然的语言学习环境，组织学生参与课堂语言实践活动。这种外语教学的理念在交际法、自然法、特别是首先在加拿大试行的沉浸式教学法（Immersion Program）等方法中被推向了极致。沉浸法要求在某段时期内把英语作为所有学科的教学语言，让学生在课程学习，甚至在课内外活动中完全沉浸在英语学习的环境之中。但正是这种最能体现活动主义教学思想的方法，却暴露出一个普遍的缺点：学习者的语言流利性可与本族语者相媲美，但其语言准确性却不尽如人意，有些语言错误已经"化石化"到了难以改正的地步。这正是沉浸法只关注意义的表达和思想的交流却忽视语言的形式而造成的后果（Johnson & Swain，1997）。

引起"钟摆现象"的原因虽然很多，但最重要的原因则在于外语教学的对象——语言的本质属性具有两面性。我们知道，语言是人类用来交际的符号系统，是能指和所指、形式和意义的统一体，但在实际语言教学中，二者很难同时兼顾。究竟是该注重语言的形式，还是该注重语言的意义？是该关注语言符号的系统性，还是该关注语言的交际性？这种两面性构成了语言教学方法内部最突出的矛盾关系。

同时，我们也应该看到，外语教学的发展史，不能简单地用"钟摆现象"来描述。通过认真考察外语教学的发展史，我们可以发现，外语教学思想的轨迹固然在活动主义和形式主义之间摆动，但每一个新流派、新方法的出现，都是对外语教学规律认识的进一步深化，并且两大流派之间都在不断吸收对方思想和理论中合理的成分，相互取长补短，不断完善自身，二者之间的距离也越来越小。就拿活动主义的早期代表直接法来说，它起初只是作为语法翻译法的对立面出现的，强调直接教授外语，用外语本身进行会话、交谈和阅读，而不是通过学生的母语、翻译或语法规则。到了 20 世纪 70 年代，交际法继承了直接法的基本教学原则，同时吸收了社会语言学、功能语言学及人本主义心理学的丰富内容；到了 20 世纪 90 年代，基于任务的语言教学法除了吸收交际法的主要教学理念之外，也克服了交际法过于关注语言的意义、忽视学生语言准确性培养的倾向，在意义优先的前提下关注学生对语言形式的掌握。

阅读与思考：

- 什么是外语教学发展史上的"钟摆现象"？如何解释这一现象？
- 比较形式主义与活动主义这两大教学流派的主要异同。
- 直接法、交际法和基于任务的教学法在不同时期是如何深化活动主义外语教学思想的？

第四节　外语教学方法与外语教师

如前所述，在外语教学思想发展史上，"方法"一直居于核心地位，一部外语教学思想发展史，其实就是一部外语教学方法史、一部教学流派演进史。对"万应灵药式"的最佳教学方法的追寻和探索，成为外语教学思想发展的"主旋律"，这也是外语教学思想史留给我们的最大遗产。

前三节我们简单回顾了国外外语教学思想演变的概况，并介绍了国外外语教学法的一些主要流派。那么，在研究和学习国外外语教学法时，应该怎样认识和对待它们呢？

首先，我们应该认真学习，广泛吸收，博采众长，为我所用。在外语教学思想发展的大部分时间里，外语教学的先驱者都在孜孜不倦地探索和研究外语教学的最佳方法。每一个流派的出现，都体现了当时外语教学研究领域的最新发展和最高水平。我们应该学习、吸收、研究这些方法和流派，揣摩、理解其中蕴含的教学原则与理念，分析、比较各种方法之所长，并在此基础上建立丰富的教学思想与方法储备，提升自己的方法意识和理论素养，为自己的教学设计和教学研究服务。

其次，我们应该用历史的、发展的观点看待各个流派。外语教学法的各个流派都是历史的产物。每个流派的产生都反映了其所处时期的社会需要，也反映了当时的科学文化发展以及人们对外语教学问题的认识和解答。社会需要促进了外语学习，外语学习势必要求与之相适应的教学方法；外语教学方法又基于人们对外语教学的经验和相关学科的发展水平，如语言学、心理学、教育学等。所以，外语教学法的某一流派是很多人乃至数代人长期积累的经验和智慧的结晶。由于时代不同、地域或国家不同、人们的认识不同，各个流派从不同的侧面丰富和发展了外语教学的理论和实践；但又由于认识的局限，各个流派往往过分强调各自的侧面，难免带有片面性。今天看来，有些流派的观点尽管不够全面，有些还甚至是"错误"的，但它们的历史作用或者对外语教学发展的贡献是不容否认的。

最后，要破除方法神话，吸取各家之长，实现教学最优化。近百年来外语教学发展的历史已经证明，当今世界上还不存在外语教学的"万应灵药"或"最佳方法"，我们也不应该拘泥于某种教学流派或方法的所谓"标准程序"。每种方法都有所长，都是专家和学者从语言、心理、教育、社会、生理、神经等不同侧面得出的，彼此相互联系，相互制约。这些不同侧面的理论又有其相对的真理性，它们一方面补充和丰富了方法体系的整体，另一方面又因过分强调某个侧面造成片面性。外语教师应根据自身的教学实际，辩证地整合、优化各种教学方法，具体分析各派的主张，博采众长，为提高我国的外语教学质量，实现教学最优化服务，不能因为过于迷恋某一方法而束缚了自己的手脚。

阅读与思考：

- 外语教学方法与流派知识对教师的专业发展有何意义？
- 外语教师应该如何看待教学方法与流派的相关知识？
- 有人说，我只要知道如何教好听、说、读、写及词汇、语法教学的操作步骤就可以了，不需要了解外语教学方法与流派知识。你是否同意这种看法？为什么？

延伸阅读：

Howatt, A. P. R. 1984. *A History of English Language Teaching* [M]. Oxford: Oxford University Press.

Larsen-Freeman, D. 2000. *Techniques and Principles in Language Teaching (Second edition)* [M]. Oxford: Oxford University Press.

Richards, J. C. & T. S. Rodgers. 2001. *Approaches and Methods in Language Teaching (Second edition)* [M]. Cambridge: Cambridge University Press.

Stern, H. H. 1983. *Fundamental Concepts of Language Teaching* [M]. Oxford: Oxford University Press.

顾曰国. 1998. 英语教学法（上）[M]. 北京：外语教学与研究出版社.

章兼中. 1983. 国外外语教学法主要流派 [M]. 上海：华东师范大学出版社.

第二章 语法翻译法

通过本章学习，你将能够：

● 了解语法翻译法教学思想发展的社会历史背景

● 理解语法翻译法的核心概念和教学理念

● 初步掌握语法翻译法的课堂教学过程和操作步骤

● 正确认识和评价语法翻译法在外语教学思想发展史上的地位

第一节 方法概述

语法翻译法是外语教学法中最古老且最具争议的教学方法。该方法又被称为古典法，因为它首先被用来教授诸如希腊语和拉丁语这样的古典语言。早在两千多年前，研究一门外语，最初是古希腊语和拉丁语，主要就是对其进行语法分析，用语法术语详尽地描绘目的语的形态特征和句法结构，以及进行书面语的翻译。这种比较原始的语言学习和分析方法构成了语法翻译法最基本的要素。

语法翻译教学法肇始于 18 世纪的欧洲。该方法认为，学习语言的目的是阅读，特别是阅读古典文献；其主要的教学方法是先学文法规则，然后凭借这些知识翻译课文。严格说来，语法翻译法并没有明确的理论基础，其主要观点和教学原则是在传统中形成并延续下来的。由于每一代的使用者和推行者都对它加以完善和补充，语法翻译法于是有了一套相对完整的教学理念和教学原则：

1. 学习第二语言的目的是为了阅读典籍，发展心智，所以要把"读写"作为教学的主要内容。

2. 学习第二语言的主要途径是通过母语翻译，所以阅读教学要围绕课文学习词汇，以母语为中介掌握词义并理解课文。

3. 强调规范，尤其强调语法的系统性，故而以语法为纲，注重归纳，并且把句子作为教学的基本单位。

语法翻译法经历了古典翻译法和近代翻译法两个重要阶段（Celce-Murcia，2001；Howatt，1984；章兼中，1983）。古典翻译法又包括以德国语言学家奥伦多夫（H. Ollendorff）为代表的语法翻译法、法国外语教师雅科托（J. J. Jacotot）及英国教育家汉密尔顿（J. Hamilton）为代表的词汇翻译法，以及德国语言教学专家马格（K. Mager）提倡的翻译比较法。语法翻译法主张以教授语法为外语教学的基础，认为学习语法有助于对一门语言的理解，也可以磨砺意志，增长智慧，培养逻辑思维能力，故而它有"磨炼智力的体操"之称。词汇翻译法主张对内容连贯的课文进行语义分析和翻译，以此来教授外语，其特点是通过母语和外语的对比，对课文语言材料进行细致的分析，从而达到对课文的理解。而翻译比较法则吸收了历史上比较语言学对不同语言进行对比的方法，主张在第二语言教学中进行母语和目的语的系统对比，在对比的基础上进行翻译，从而理解语言材料的内容。在教学中它主要关注母语与目的语的差异以及学习者对目的语的掌握。

近代语法翻译法是在古典翻译法的基础上变化发展而成的，有时又被称为"译读法"，其主要特点包括：1. 语音、语法、词汇教学相结合；2. 阅读领先，着重培养学生的翻译和阅读能力，兼顾听说训练；3. 以语法为主，在语法理论指导下译读课文；4. 依靠母语，把翻译既当成教学手段，又当成教学目的（章兼中，1983）。在这些教学原则的指导下，近代译读法的基本教学流程为：先翻译并讲述课文大意，然后逐词逐句翻译讲解课文，最后用标准的母语翻译课文，在此基础上再进一步培养学生直接快速阅读并理解原文的能力。

语法翻译法的教学思想可以简要概括为：以语法和词汇为主要内容，以翻译和语法讲解为主要手段，以母语为主要载体，以文字为依托工具，以系统培养学生的外语理解和翻译能力为主要目标。但是它始终缺乏对学习者口语交际能力的培养以及对学习者学习过程的关注。

语法翻译法是最原始、最古老，同时也是最具生命力的语言教学方法。在数百年的发展历程中，语法翻译法也在不断地改进和完善，由单纯地强调语法学习，用母语翻译目的语文章，发展到关注语言要素的教学，注重培养学生直接阅读目的语文章的能力并兼顾听说能力的训练等等。在直接法产生之前，许多外国语和古典语文修养较好人士的语言文字能力都是用这种方法培养出来的。同时，由于它简便易行，对教师的外语能力要求较低，各种水平的外语教师都能掌握，所以普适性较强，在广大教师队伍中有广泛的市场。

阅读与思考：

● 语法翻译法产生的社会历史背景是什么？

● 语法翻译法经历了哪几个发展阶段？分别有什么特点？

● 近代语法翻译法和古典语法翻译法有何异同？

● 语法翻译法为什么长期以来广受一线外语教师的青睐？

第二节　典型课堂

上课铃响之前，童老师拿着课本，提着一个写满练习题的小黑板在教室外面等候，教室里响起全班同学背诵单词的声音。铃响了，童老师走进教室，学生起立问好。[1]

还没等童老师说话，学生已经做好听写单词的准备了。童老师用五分钟时间听写单词，并要求他们写出汉语意思。之后同桌相互改正，童老师巡回检查大家对英语单词及汉译的识记情况。单词听写及汉译已成为童老师每节课开始的必备节目。

接下来童老师开始讲授本节课的课文——《伊索寓言》的名篇"The North Wind and the Sun"。童老师为了示范，自己先大声朗读了一遍，要求学生注意听，然后再逐句领读一遍。每读几句，童老师就停下来

1　本教学案例根据章兼中（1983）改编。

15

让学生把这几句翻译为汉语。经过译述大意，学生对课文有了初步了解。然后童老师问学生还有什么问题。张小兰同学问单词 acknowledge 和 dispute 是什么意思。童老师用中文解释，acknowledge 是"承认"的意思，常用的结构是 acknowledge A as B，例如：Stephen acknowledged Henry as his heir；dispute 的意思是"争吵"，与学过的 quarrel 意义大致相同，另外它还可当名词用。接着童老师又把原文第一句译为汉语：北风和太阳争吵谁是强者，最后他们达成一致，他们当中谁能脱掉行人的衣服，谁就是赢家。

童老师用同样的方法讲解和翻译了文中所有的句子。经过这一环节，全班同学对整篇文章的意思已经基本理解，这时候童老师从头开始给学生分析每个句子的语法结构，涉及的单词、短语等知识点，以及相关词的用法，都用汉语做了详细的讲解，并在黑板上写出来。童老师忙着写，学生忙着记笔记。

语法知识解析：

be good for：对……有好处

e. g. Running is good for your health.

It is easy to do something：做某事很容易

e. g. It's easy to have a healthy lifestyle.

该句中的 It 是形式主语，不定式是真正的主语。句型是：It's + 形容词 + to do sth.

最后，为了使学生了解寓言的语言特点并提高他们的语言鉴赏能力，教师要对学生进行直接阅读和直接理解的训练。在训练过程中教师可就寓言中的某个词、某个段落提问，让学生回答或谈感受。以下是师生课堂对话实录：

T：为什么用 dispute，而不用 quarrel？

S：这两个词虽然意思相近，但 dispute 更强调"意见针锋相对，毫无妥协的余地"。

T：怎样理解"The wind tried first"？

S：风认为让行人脱掉衣服是一件很简单的事，对打赌很自信，所以自告奋勇，抢先与太阳较量。

T：怎样理解这个寓言的寓意 "Persuasion is more effective than force"？

S：这句话的意思为"劝说比强迫更有效"。北风想用狂风把行人的衣服强行刮掉（The north wind decided to strip the clothes off the traveler by force）；太阳则用阳光使行人感到热不可耐，从而自愿脱掉衣服（The sun decided to persuade the traveler to take off his clothes himself）。较量的结果是太阳成功，北风失败。事实证明，劝说比强迫更有效。

之后，童老师给学生留了大概五分钟的时间，让他们大声朗读并记忆黑板上的语法点。然后童老师挂出小黑板，让大家做题巩固今天学到的知识。

下课时间快到了，童老师给学生布置了课后作业，要求他们用今天学到的每个短语各造一个句子，把黑板上写出的五个汉语句子翻译成英语，背诵这篇课文，并识记下节课要听写的单词。除阅读课文及引用课文中的词句外，整堂课童老师都是用汉语授课，全班同学充分理解了讲授的内容。

阅读与思考：

● 这个课堂案例中所实施的语法翻译教学法与你所了解的有何异同？

● 你认为这种方法的最大优势是什么？通过这种课堂培养出来的学生最擅长什么语言能力？

第三节 案例解析

以语法翻译教学法为基础的语言教学模式可以概括为：阅读—分析—翻译—讲解—背诵。课堂教学安排一般是教师先读课文，然后对课文及句型进行语法分析，之后再逐句翻译讲解。分析和讲解主要围绕句子的结构、复杂的语法现象以及两种语言的互译进行。最后要求学生背诵有关的段落，熟记所学的词汇和语法规则。以上五个教学步骤在这种类型的课堂上不断地重复，体现了语法翻译教学法的基本特征。童老师的这节课例也基本围绕这几个环节展开。下面我们结合童老师的教学实践，具体解释他用到的一些理念和原则。

课堂教学实践	语法翻译法的理念和原则
童老师开始讲授本节课的课文——《伊索寓言》的名篇 "The North Wind and the Sun"。	语法翻译法的根本目的在于培养学生阅读古典文献的能力。所以，对这种教学法来说，书面语的地位要高于口语，文学名篇更是常常在课堂上被作为教学材料来使用。
童老师为了示范，自己先大声朗读了一遍，要求学生注意听，然后再逐句领读一遍。	在语法翻译教学中，教师的作用比较单纯，即扮演"授业、解惑"和"知识传递者"的角色；而学生在整堂课中都只是被动地接受知识，在他们心目中，教师是最权威的。
每读几句，童老师就停下来，让学生把这几句译为汉语。	语法翻译法把翻译能力的培养作为语言教学的主要手段和最高目的。如果学生能够通顺流畅地在两种语言之间相互转换，那就说明外语学习成功了。
然后童老师问学生还有什么问题。张小兰同学问单词 acknowledge 和 dispute 是什么意思，童老师用中文做了解释。	使用外语进行交际不是语法翻译法的主要教学目标，所以母语是师生间交际的最主要的语言媒介。
童老师从头开始给学生分析每个句子的语法结构，涉及的单词、短语等知识点，以及相关词的用法，都用汉语做了详细的讲解，并在黑板上写出来。童老师忙着写，学生忙着记笔记。	语法和词汇是语法翻译法的主要教学内容，其中语法被认为是语言学习的"智力体操"，在语法翻译法中尤其受到青睐。学生学会了词汇和语法，可以根据语法规则将词汇组合在一起造句或翻译，就被认为掌握了这种语言。

（续表）

课堂教学实践	语法翻译法的理念和原则
最后，为了使学生了解寓言的语言特点并提高他们的语言鉴赏能力，教师要对学生进行直接阅读和直接理解的训练。在训练过程中教师可就寓言中的某个词、某个段落提问，让学生回答或谈感受。	除了语法、词汇以及翻译能力之外，阅读能力也是语法翻译法的主要侧重点。此外，直接阅读和直接理解也在语法翻译法的课堂上扮演着非常重要的角色。
之后，童老师给学生留了大概五分钟的时间，让他们大声朗读并记忆黑板上的语法点。然后童老师挂出小黑板，让大家做题巩固今天学到的知识。	语法翻译法运用演绎的方法来教授语法，强调有意识地识记语法规则，要求学生熟知语法术语，并准确描述句中涉及的语法现象。

第四节　对话交流

　　童老师在学校听了多位老师的范例课，总觉得每位老师的课堂都有语法翻译教学法的影子。他自己翻阅了很多资料，了解了有关语法翻译教学法的理论知识，也尝试设计了一节语法翻译课，对此教学方法，有了更深刻的体会。看到学者对语法翻译教学法众说纷纭，童老师也有些迷惑，于是他亲自拜访了曹教授，希望与他共同探讨语法翻译教学法的相关问题。

童老师：

　　曹教授，您好！听了您对语法翻译教学法的讲授，我对这一方法很感兴趣，也查阅了很多关于此教学流派的资料，而且根据自己的经历设计了一节课例，不知道是否体现了语法翻译教学法的特征？

曹教授：

我看了你的教学设计，它充分体现了语法翻译法以语法讲授、句子互译为主的精神，可以说是一节比较典型的语法翻译课。"阅读—分析—翻译—讲解—背诵"这一课堂组织形式完全符合语法翻译法的教学模式，具有较强的课堂操作性。通过课文的翻译练习实现了信息的交流，也通过语法知识的讲解，让学生较快地掌握了语法体系。

童老师：

谢谢曹教授对我的教学课例的认可与肯定。我听过好多教师的范例课，也翻阅了一些资料，但还是有些迷惑。有学者说语法翻译法更适合农村的学生，是不是这样呢？

曹教授：

这种说法有它的合理性，但又不完全是这样。我们知道传统的语法翻译法有过分强调语法知识传授、不重视交际技能培养等缺点，但它却有使用方便、便于控制教学进程、见效快等优点，对教师的语言素养和教学能力方面的要求也不高，所以许多教师仍然喜欢结合课文讲解必要的词汇知识和语法知识，也喜欢采用英译汉或汉译英的练习形式。可以说，只要有外语教学，就会有语法翻译教学法存在的土壤。但语法本身的枯燥和繁琐又决定了它不太适合学生自学，相比较而言，农村学生的自主学习能力不强，教学资源相对匮乏，也缺乏外语交流的环境，因此才会有这样的说法。

童老师：

语法翻译法近年来有没有新的发展呢？

曹教授：

语法翻译法是一种历久弥新的教学流派，其内涵在历史发展过程中也在不断地丰富。例如，历史上语法翻译法曾在翻译的基础上吸收了语法、词汇和阅读教学的内容，因而产生了语法翻译法、词汇翻译法、翻译比较法和译读法等等。这里我主要谈一下语法翻译法所看重的语法教学方法在近年来的发展。我们知道，语法是语言使用与学习的重要组成部分，语法教学一直是外语教学界颇具争议的一个话题，对它的认识经历了一个由尊崇到摒弃再到理性看待的过程。语法翻译法是在拉丁语和希腊语教学的基础上发展起来的，这两门语言在当时被认为"比现代语言更完美，能更好地发展人们的心智"（Lally，1998）。语法翻译法更注重语言的形式，要求教师对语言的规则做演绎式讲解，然后再引导学生做相关的练习，但因其过分注重语言形式的准确性而严重影响了学生言语交际的流畅性和得体性，这一点在后来的语言教学流派（如直接法与交际法）中得到了纠正，这些方法强调在实际使用过程中学习语言，包括语法知识。但同时又产生了其他一些问题，其中最典型的是在加拿大"沉浸式"教学法中，学生虽然整天生活在目的语的语言环境中，但其语言的准确性却不敢恭维。近年来语法教学的一些新探索值得我们注意：

1. 拉森-弗里曼（Larsen-Freeman）倡导的"形式—意义—使用"三维语法模式，让我们跳出了单一从语法出发的形式，转而从更广阔的视角去审视语法能力的内涵（Larsen-Freeman，1995）。

2. 语法技能（grammaring）这一概念，同样由拉森-弗里曼提出，它将语法教学由"知识本位"转变为"能力本位"，语法不再被看作是一种静态的知识，而被认为是一种动态的能力发展过程（Larsen-Freeman，2003）。

3. 迈克尔·朗（Michael Long）等人倡导的"关注形式"的教学方法，让学生在完成以意义为核心的交际任务时，适当关注语法的形式，以达到促进语言表达的准确性、流利性、复杂性和得体性等方面均衡发展的目的（Long & Robinson，1998）。

童老师：

您的梳理很有启发性，但我又想到另外一个问题，翻译教学法不注重学生交际能力的培养，是不是说这种方法与教学界流行的交际教学法相互对立呢？

曹教授：

毫无疑问，外语教学的目的就是培养学生运用所学语言进行交流的能力，即交际能力。语法能力的教学是否与交际能力的培养相对立，这是个需要明确的问题。交际能力一般包括语法能力、社会语言能力、语篇能力和策略能力（Canale & Swain, 1980）。语言知识和技能是交际能力最重要的组成部分，其他能力和素质都是交际能力的辅助因素。由此可见，语法能力是交际能力不可或缺的重要组成部分。语法教学只要运用得当，不仅不会成为培养交际能力的障碍，而且还会促进交际能力的形成。可以说，语法能力是交际能力形成的重要条件。所以，语法教学和培养交际能力大可不必相互对立，它们之间存在着多种联系和互补性。

童老师：

谢谢曹教授的悉心解析。虽然多种语言教学方法陆续出现，传统的语法翻译教学法还是不可丢弃的，但同时我们又主张教学方法改革，提倡新的教学理念，那您对语法翻译教学法有什么看法呢？

曹教授：

在今天的外语课堂上，语法翻译教学法仍然很活跃，这说明语法翻译法确实有它的优势，适合我国外语教学的实情。究其原因，主要有以下几个方面：

1. 从严格意义上讲，中国的外语教学应该算是外语学习，不能算是语言习得，因而使用语法翻译法进行外语教学在某些情况下可能更加有效。中国的外语教学多数情况下是在教室里进行的，缺少语言自然习得的条件与环境。在课堂中采用交际法等新兴教学方法在操作上有一定的难度，而且很多外语教师本身的语言能力就非常有限，因而在客观上，语法翻译法仍然是大多数外语课堂的重要教学方法。

2. 语法翻译法对于学生的阅读能力、写作能力和翻译能力的培养有着比较显著的效果。也就是说，语法翻译教学法有它的优点，这一点我们在前面已经探讨过。

3. 语法翻译法在中国之所以兴盛，还要归因于中国人内敛含蓄的个性。西方人喜欢自我表现，善于互动式交往，东方人则讲究含蓄、隐忍、和谐，强调心领神会，看重心灵的契合，不善与他人进行语言的交流和互动，这种传统理念很自然地体现于师生之间。学生习惯于认真听讲，勤记笔记，但缺乏思考和能动意识，更不要奢谈向教师提出质疑和挑战了。这一点似乎和语法翻译法被动接纳、准确为要的特征不谋而合。但语法翻译教学法确实也存在某些局限或缺陷：重书面而轻口语，忽视语言使用能力；过分依赖教师的讲解，以教师为中心，忽视对学生学习兴趣和主动性的培养。因此，对这种方法需要不断地加以修正和完善，以适应语言教学发展的需要。在具体操作中，教师要将语法翻译法和其他教学流派与方法相结合，取长补短；采用灵活多变的教学方法，以学生为中心开展教学；加强目的语的文化信息导入，强化交际能力的培养。

总之，语法翻译教学法虽然历来颇受争议，但它在教学内容和教学过程上都保持着自己的特点：语法翻译教学法借助"希腊—拉丁语法"的规则，形成了完整、系统的语法教学体系，有利于外语学习者认识目的语的形式、词类、句子组合等，在很大程度上符合并顺应了人们认识和学习目的语的客观规律，便于学习者掌握；语法翻译法也较好地体现了外语学习的本质功能，即两种语言形式的转换，进而达到语际交流的实际目的；语法翻译法重视词汇和语法知识的系统传授，有利于学习者巩固语言知识，打好语言基础，更方便语言教师安排教学。正是基于这些特点，语法翻译教学法在外语教学史上长期占据一席之地。

童老师：

谢谢曹教授。

阅读与思考：

- 语法翻译法的核心模式是什么？在什么情况下比较适用？
- 语法翻译法长期以来受到外语教师广泛青睐的原因何在？
- 语法翻译法有哪些优势和缺陷？

延伸阅读：

Richards, J. C. & T. S. Rodgers. 2001. *Approaches and Methods in Language Teaching (Second edition)* [M]. Cambridge: Cambridge University Press.

桂诗春. 1998. 应用语言学 [M]. 长沙：湖南教育出版社.

胡春洞. 1990. 英语教学法 [M]. 北京：高等教育出版社.

章兼中. 1983. 国外外语教学法主要流派 [M]. 上海：华东师范大学出版社.

郑庆珠，孙会军. 2004. 翻译教学法：回眸与展望 [J]. 外语研究，4: 52–54.

第三章　直接法

通过本章学习，你将能够：

- 了解直接法的社会历史背景
- 理解直接法的核心概念和教学理念
- 初步掌握直接法的课堂教学过程和操作步骤
- 正确认识和评价直接法在教学思想发展史上的地位

第一节　方法概述

19 世纪下半叶，资本主义不仅在西欧各国发展迅猛，其影响还波及全世界。经济的发展使得各国之间的联系更为紧密，人们也越来越认识到，要在国家之间的交往中处于主动地位，就必须积极学习他国的先进技术，借鉴他国的科技成果。同时，资本主义国家也需要与其他国家进行贸易往来，以获取更多的经济利益。此时，语言便成了横亘在国与国之间的巨大障碍。因此，培养一批能熟练应用外语与外国人在政治、经济、科学、文化等方面进行洽谈交流的外语人才便成为当务之急。在这种情况下，口头交际越发显出其重要性。

五百多年以前，拉丁语是西方世界应用最为广泛的一种语言。16 世纪的一系列政治变革使拉丁语失去了重要性，逐渐演变为学校中的一门学科。学习拉丁语经典著作，分析其语法和修辞的学习方法便成了外语学习的模式。到了 18 世纪，外语学习的标准方法就是这种在拉丁语学习的基础上发展而来的方法，即我们在上一章中讨论的语法翻译法。尽管语法翻译法在培养阅读能力方面有一定的实际成效，但它偏重阅读能力、忽视口语能力的做法，明显不适应资本主义发展和扩张的时代要求。一些有识之士遂开始在外语教学中尝试新的教学法，如自然法等。到了 19 世纪后期，语法翻译法受到越来越强烈的指责和批评，外语教学改革运动的兴起和国际语音协会（The International Phonetic Association）的建立为新的教学法的产生奠定了基础。同时，在 19 世纪末，语言学、心理学、教育学等相关学科也有了一定的发展，为新的教学法的产生提供了理论条件。因此，直接法是作为语法翻译法的对立物应运而生的。作为一种新的语言教学方法，它在更大程度上反映了现代外语教学的时代要求：语言教学应更加重视口语教学，应该用目的语进行直接交际而非转译。这一方法被迅速应用到学校的外语教学中，取得了较好的成效。

在语言教学法的历史上，1886 年，国际语音协会的成立被看成是现代语言教学思想发端的里程碑事件。该协会的几项重要主张对直接法的诞生产生了重要影响：1. 教授口语；2. 进行语音训练，使学生建立起良好的发音习惯；3. 使用对话体课文，教给学生口语短语；4. 使用归纳的方法学习语法；5. 在教学中建立起来的是目的语系统内部的语义关系，而非母语与目的语之间的语义关系（Howatt，1984；MacMahon，1986）。这些主张直指语法翻译法的两个重要缺陷：一是过分注重书面语，二是通过翻译作为中介而非直接使用目的语。

19 世纪的教学改革运动是直接法的先导（Darian，1969；Howatt，1984；章兼中，1983）。德国外语教育家费叶脱（W. Viëtor）被认为是教学改革运动及直接法的主要奠基人。他在 1882 年发表的小册子 *Language Teaching Must Start Afresh* 中，猛烈抨击了语法翻译法的教学主张。对直接法的产生有重要影响的人物还有古安（F. Gouin）、贝立兹（M. D. Berlitz）、索维尔（L. Sauveur）及斯威特（H. Sweet）等。古安是 19 世纪最先尝试通过观察儿童的语言学习以建立一种新教学法的改革家之一，那时的改革家已开始将注意力放在语言学习的自然原则之上了，即通过观察儿童学习母语来总结二语学习的原则。事实上，在语言教学历史上，试图使二语学习向母语学习靠拢的不乏其人。索维尔也是试图在课堂教学中应用自然原则的尝试者之一。他提倡多进行口语交流，将提问视为展示和引起说话的手段。他的这种外语学习方法被称为自然法。索维尔和其他一些自然法的支持者认为，可以通过示范和动作直接传达意义，外语学习不需要借助翻译或母语。弗兰克（F. Franke）认为，课堂上积极地使用语言是学习语言最好的方法。他认为，学生应该在课堂上自发地用外语归纳语法规则，学说外语的开始阶段应系统地学习发音规则，要用学会的单词、肢体动作、演示和图片去学新单词等（Howatt，1984；章兼中，1983）。这些自然语言学习原则最终演变为我们所熟知的直接法。英国人斯威特的观点对直接法的形成也有较大的影响。他强调，语言教学的原则应当建立在对语言进行科学分析和对学习心理加以研究的基础之上。斯威特（Sweet，1899）在 *The Practical Study of Languages: A Guide for Teachers and Learners* 一书中系统阐述了他的观点：1. 精心挑选将要用于教学的语言要素；2. 确定教学范围；3. 根据听、说、读、写的顺序安排教学；4. 应当由易到难地安排教材内容。

19 世纪末到 20 世纪 20 年代是直接法风行的时期。在此期间，德国和法国的许多教学机构和教师都争相使用直接法，德国人贝立兹则是直接法的践行者和推广者，他创立的"贝立兹外语连锁学校"遍及大洋两岸，一战前曾多达 340 余所。贝立兹学校将直接法的教学思想"翻译"为通俗易懂的若干个"Never"以及与之相对立的"Do"：

- Never translate: demonstrate;
- Never explain: act;
- Never make a speech: ask questions;
- Never imitate mistakes: correct;
- Never speak with single words: use sentences;
- Never speak too much: make the students speak much;
- Never use the book: use your lesson plan;
- Never jump around: follow your plan;
- Never go too fast: keep the pace of the students;
- Never speak too slowly: speak normally;
- Never speak too quickly: speak naturally;
- Never speak too loudly: speak naturally;
- Never be impatient: take it easy. （Richards & Rodgers，2001）

直接法的教学目的是使学习者的外语能力接近本族人的水平。所谓"直接"，是指外语教学中排除母语的干扰，直接将外语与实物、图片、行动结合起来。因为外语学习应与儿童习得第一语言一样，起始于接近生活的口语，而非文学作品中的书面语。

直接法还有很多其他名称，如自然法、心理法、口语法、改良法等等。虽然名称各异，但本质相同。理查兹、罗杰斯（Richards & Rodgers，2001）对直接法的主要原则总结如下：

1. 用目的语进行课堂教学；

2. 只教授常用的词汇和句子；

3. 在小规模班级中，教师通过精心安排的问题，以问答的形式训练学生的口语交际能力；

4. 用归纳法进行语法教学；

5. 口头介绍新的教学内容；

6. 通过展示物体或图片教授具体词汇，通过意义联系教授抽象词汇；

7. 教授语音和听力；

8. 强调准确的发音和语法。

直接法在19世纪末开始流行。在那些学生有强烈的外语学习动机并有条件聘用外教的私立学校，直接法更是取得了巨大的成功。但这种成功并非在任何情况下都能复制。在那些没有条件聘用外教或者班级容量大的学校，直接法的效果就不那么理想了。到了20世纪上半叶后期，直接法对教师语言水平的要求过高及其理论基础薄弱等问题就慢慢浮现出来。

直接法在20世纪上半叶对我国的外语教学产生了较大的影响。其中，最积极的倡导者当推张士一先生。他编写的教学法读物《英语教学法》、中学英语教材《初中直接法英语教科书》，以及由他主持制定的初高级中学英语课程标准对直接法在我国的推广和传播起到了非常重要的作用。

阅读与思考：

- 直接法产生的社会经济背景是什么？
- 根据以上介绍，列举出 3–5 个直接法的基本理念，并根据自己的理解加以解释。
- 直接法与语法翻译法的不同主要表现在哪些方面？直接法的主要特点是什么？

第二节 典型课堂

上课前，王老师在教室前面挂起一幅美国地图。上课铃响了，她要求学生把书翻到"Looking at the Map"那一课，整堂课王老师都用英语与学生交流。上课一开始，王老师就让学生大声朗读课文，学生每读完一句话，她就指向地图上相应的地方。[2]

课文原文如下：

We are looking at a map of the United States. Canada is the country to the north of the United States, and Mexico is to the south of the United States. Between Canada and the United States are the Great Lakes. Between Mexico and the United States is the Rio Grande River. On the east coast is the Atlantic Ocean, and on the west coast is the Pacific Ocean. In the east is a mountain range called the Appalachian Mountains. In the west are the Rocky Mountains.

学生读完课文后，王老师问他们有没有问题。一位学生问什么是mountains，王老师于是在黑板上画了一些连绵的山，向他说明山脉的意思，学生表示明白了。另一位学生问 between 是什么意思。老师解释道："You are sitting between Wang Lin and Zhang Qi; Liu Li is sitting between Li Hui and Liu Jiang." 学生点点头，坐下了。

学生问完之后，王老师又向学生提出了一系列问题："Are we looking at a map of Italy?"大家齐声回答："No."王老师让学生回答完整。他们齐声答道："No, we aren't looking at a map of Italy." 王老师又问道："Are we looking at a map of the United States?"学生回答："Yes, we are looking at a map of the United States."接下来，王老师继续提问，学生继续回答：

T: Is Canada the country to the south of the United States?

Ss: No, Canada isn't the country to the south of the United States.

T: Is the Rio Grande a river or a lake?

2　本教学课例根据拉森-弗里曼（2000）改编。

Ss: The Rio Grande is a river.

  T: What color is the Rio Grande on the map?

Ss: It's blue.

问答环节持续几分钟，之后王老师开始指定学生起来向全班同学提问。有个女生问道："Where are the Appalachian Mountains?"王老师示意大家先不要回答，而是先对 Appalachian 这个单词的读音进行了纠正，并要求大家重复三遍，直到确认全班同学学会了正确发音，王老师才示意继续问答环节。另有一位学生问道："What is the ocean in the west coast?"王老师示意大家安静，然后问那位同学："In the west coast or on the west coast?"那位同学犹豫片刻，说道："On the west coast." "Correct. Please repeat your question."王老师说道。那位同学又重复了一遍问题。然后全体学生一起回答："The ocean on the west coast is the Pacific."

大概十位学生提问过后，王老师开始问一些关于教室及室内物品的问题，问题中包含 "in, on, at, to, between" 等介词。例如："Li Hui, is your book on your desk?" "Wang Lin, who is sitting between Li Li and Zhang Qi?"等等。然后学生自己提问，并指定其他同学回答。

之后，王老师指导学生完成课后的介词填空练习，在做每道题之前，全班同学都大声朗读，然后再填答案。

最后，王老师让全班同学拿出笔记本，听写课文中的一小段话。

阅读与思考：

- 这个课堂案例与你对直接法的理解有何异同？最大的不同体现在哪个环节？
- 课堂上教师和学生的互动是怎样的？这种互动的本质是什么？
- 教师用画图和举例的方法能否很好地解释学生提出的问题？
- 对于这节课，你还有什么更好的可操作建议？
- 比起语法翻译法，直接法给教师教学带来了哪些新的挑战和困难？

第三节　案例解析

课堂教学实践	直接法的理念和原则
上课一开始，王老师就让学生大声朗读课文。	语言学习的基本目标是"说"。直接法采用的课文通常篇幅不长，而且大都来自教材。教师要求学生在上课时朗读课文，是为了用朗读的方式引入新的教学内容。
学生每读完一句话，她就指向地图上相应的地方。	在课堂上用教具、图片等辅助教学工具，可以帮助学生更好地理解课文的意义。
王老师用目的语问学生有没有问题，于是学生用目的语提问。	直接法的特点就是在外语学习中避免使用母语，让学生尽快学会用目的语思考。通过使用句子自然地学习新单词，而非机械地记忆。
王老师在黑板上画画和举例，来回答学生提出的关于新单词的意思的问题。	直接法主张用目的语进行教学。教师应进行演示，而非解释或翻译，以便将目的语的意义和实物"直接"联系起来。教师在使用外语进行教学时广泛使用实物、图画、动作、手势、表情和游戏等直观手段来解释单词和句子，以培养学生将外语与客观事物直接联系起来以及用外语思维的能力。
王老师用目的语提出与课文内容相关的问题，并要求学生做出完整的回答。	使用目的语进行课堂教学，通过精心设置的问题进一步讲解课文，加深学生对课文内容的理解。直接法认为，交际能力的培养也是通过这种精心设置的与课文内容相关的问题来实现的。
王老师让学生围绕课文内容提问，然后全班同学回答。	语言学习的目的是交流。因此，学生既要能够回答问题，又要能够提出问题。直接法重视在教学过程中给学生机会对课文进行模仿。教师用大部分时间以问答的形式帮助学生学习课文内容。

（续表）

课堂教学实践	直接法的理念和原则
王老师给学生示范 Appalachian 的发音。	在语言学习之初就教授正确的发音。直接法认为，口语训练既是外语教学的重要手段，也是外语教学的基本目标。
王老师提出问题，让学生回答并自行纠正语法错误。	直接法认为，让学生自行纠正错误对其语言学习有帮助。
王老师提出与教室及室内物品有关的问题，然后学生互相提问。	在介绍新知识的时候，教师可尽可能地结合周围环境，广泛使用课堂环境中的实物，以帮助学生理解。课堂上应给学生提供在真实情境中进行对话的机会，鼓励他们尽可能多说多练。教师要使用基本的词汇和句型，并突出、重复重点词汇。
王老师指导学生在课堂上完成课后的介词填空练习。	直接法在初级阶段不进行系统的语法教学，而是提倡学生通过归纳法自己总结语法规则。它认为这个归纳的过程同时也是培养学生能力的过程。
王老师让全班同学拿出笔记本，听写课文中的一小段话。	在语言教学之初，写作也是一项重要的技能。直接法的主要练习方式包括转述、听写、复述课文及自由写作等。

阅读与思考：

- 通过上述解析，你对直接法有哪些与以往不同的新认识？
- 你认为直接法的教学原则中哪些适合初级阶段的课堂教学？哪些不适合？
- 上述解析澄清了你对直接法的哪些误解或困惑？你还有哪些新的困惑？

第四节　理论链接

语法翻译法被认为是缺乏理论基础的教学法，直接法的出现在一定程度上弥补了这一缺憾。经过一系列的社会变革、经济发展以及随之而来的与外语教学相关的学科的发展，直接法作为当时新的外语教学法，已经呼之欲出了。直接法的理论基础虽然没有后来的听说法那样严谨充分，但毋庸置疑的是，社会经济及相关学科的发展直接或间接地影响了直接法的基本理念。

理论链接之一：经验主义哲学

直接法的哲学基础是经验主义。所以，人们从哲学的角度，把直接法看作是经验派外语教学法的奠基。

作为一种与理性主义相对立的哲学观，经验主义的源头可以追溯至古希腊哲学家亚里士多德。经验主义认为，人类的知识起源于感觉，并以感觉的领会为基础（陈修斋，1986）。英国经验主义哲学的集大成者培根认为知识和观念起源于感性世界。他指出，要认识事物，必须通过感觉经验。英国哲学家洛克也认为，知识起源于经验，并提出著名的"白板说"。他假定人的心智犹如一块"白板"，原本上面什么标记也没有，后来通过经验才在上面留下了痕迹，形成了观念和知识。同时，经验主义者还认为，感觉经验是理性知识的基础。培根（1984）指出，寻求和发现真理的道路只有两条：一是从感觉和特殊事物达到最普遍的公理；二是从感觉与特殊事物把公理引申出来，然后不断地上升，最后才达到最普遍的公理。二者虽然道路不同，但感觉经验是理性知识的基础这个原则却没有变。最后，就认识的方法而言，经验主义重视归纳法，主张从个别经验中归纳出一般原理。培根（1984）把归纳法分为三个步骤：第一步，在观察和实验的基础上收集材料，作为归纳的依据；第二步，将收集到的正反两方面的材料进行整理，作为归纳的准备；第三步，进行真正的归纳，上升到理性高度。

作为外语教学方法的直接法跟经验主义哲学思想有着较密切的关

系。奉行直接法的教学理论家反对以语法教学作为外语教学的基础，主张通过模仿和联系掌握外语；反对用演绎法讲授语法规则，主张让学生接触语言材料，然后从已掌握的语言材料中归纳出语法规则。这种教学主张在认识论上跟经验主义的观点有相当高的一致性。

理论链接之二：直观性教学原则

直观性教学原则是指在教学中引导学生直接感知事物或通过教师形象地描绘学习对象，使学生获得感性认识。直接法正是强调采用直观性教学原则的教学方法。

一般认为，直观性教学原则最初是由捷克教育家夸美纽斯（J. A. Comenius）提出的。他在《大教学论》中提出了三条大的教学原则：便易性原则、彻底性原则、简明性原则。其中，便易性原则要求教学从直观开始。他认为"教导应该尽可能通过感官去进行，使它能费较少的劳动便可以被记住""教学不仅应该用口教——这仅涉及到耳朵，同时也应该用图画去阐明，利用眼睛的帮助去发展想象"（夸美纽斯，1999）。在《大教学论》的第二十二章，夸美纽斯（1999）专门论述语文教学法，将语言学习的方法归纳成八条规则，其中一条就强调"一切语言通过实践去学比通过规则去学来得更加容易"。另外，他还亲自编写了拉丁语教材《世界图解》。教材贯彻了直观性教学原则，采用归纳法，通过直观图解来释义，先让学生学习词汇和课文，然后才归纳语法。

夸美纽斯提出的直观性教学原则对西方教育产生了深远的影响。在此后的二百多年时间里，几乎所有著名的教育家都在提倡直观性教学。在这种大背景下，直接法提倡直观教学，提倡归纳法；主张直接将外语词语同它所代表的事物或意义联系起来；突出具体语言材料的学习，而把语法规则的讲解放在次要位置。

理论链接之三：现代语音学

1886 年，国际语音协会成立。该协会最大的理论贡献就是创制了旨在撰写和记录人类语言语音的统一标音系统——国际音标，并大力推广使用。国际音标的出现，让我们可以用统一的标音体系来对不同语言的语音系统进行描写和对比。同时，国际语音协会还致力于改进现代语言教学，并于 1887 年提出了六项外语教学原则：1. 外语教学中应该贯彻"口语优先，先语后文"的原则；2. 要让学生熟悉语音、常用句子和习语；3. 语法教学要用归纳法；4. 要让学生用外语思维；5. 写作练习要先模仿、后创作；6. 笔头翻译应在提高阶段进行（Celce-Murcia *et al.*，1996）。这六项原则反映了当时外语教学改革运动的精神和要求，实际上也成了直接法的教学原则。从某种程度上，我们可以说，直接法的诞生与当时致力于外语教育改革的语音学家的竭力推动是密不可分的。

除了经验主义的哲学观、直观性教学原则以及现代语音学的相关理论外，直接法还从儿童语言学习及德国现代实验心理学中汲取了理论养分，进一步丰富其内容，这里就不一一赘述了。

阅读与思考：

● 国际语音协会的成立及国际音标的公布对直接法产生了什么影响？

● 你认为直接法的理论基础在哪些方面有欠缺？

● 谈谈你对直接法理论基础的理解。

第五节　对话交流

王老师在课堂上采用直接法进行英语教学，但她对直接法还有疑惑，带着这些疑惑，她拜访了刘教授，打算与他共同探讨。

王老师：

刘教授，您好！我在直接法的应用过程中遇到一些实际问题，读了一些关于直接法的书籍之后也有些疑惑，想向您请教一下。首先，教师用直接法教学的目标是什么？

刘教授：

小王，这个问题问得好！没有哪种教学方法是万能的，每种教学方法都有侧重点。直接法重视口语，认为"说"是语言学习的基本目标。我们使用直接法教语言，是为了让学生学会如何用目的语进行交流。为了更好地达到这个目的，教师应帮助学生用目的语进行思考。

王老师：

那么在直接法的课堂上，教师和学生分别扮演什么样的角色呢？

刘教授：

直接法对教师的语言程度要求相对较高，教师在授课过程中要指导并鼓励学生。尽管在直接法的课堂上教师主导课堂活动的进程，学生处在一个相对被动的地位，但教师和学生在教与学的过程中更应该像搭档。

王老师：

这一点我在实际教学中可能做得不够好，应当多加改进。那么直接法的教与学的过程有些什么特点呢？

刘教授：

直接法认为，教师在教学中要帮助学生在意义和目的语之间直接建立联系。为了做到这一点，教师在讲解目的语的新单词和短语时要通过教具、图片和做一些动作来演示，而不是将其直接翻译成母语。学生要尽可能地多练习用目的语进行交流，并努力贴近真实情境。事实上，直接法的教学大纲是根据情境或主题编制的，比如，人们去银行或购物时的用语，都可以编写成相应的一个单元，或者以地理、财富和天气等话题为内容进行编写。至于语法，直接法主张用归纳法教授，即教师为学生提供范例，鼓励他们从中归纳出相应的语法规则。直接法从来不主张直接灌输语法规则。

王老师：

刘教授，您能不能再谈谈直接法是如何看待语言、语言学习及文化的？

刘教授：

好的，直接法认为语言的"说"比"写"更重要。因为最初的语言是先有口头形式、后有文字形式的，所以外语学习应从日常用语的学习开始。在语言学习中，词汇比语法更重要。尽管直接法在学习的开始阶段也教授语言的四种技能（听、说、读、写），但口头交流才是其最基本、最重要的目的。学生在口语练习的基础上才开始阅读和写作练习。而且，在起始阶段，培养正确的发音也很重要。至于文化，直接法通过学习目的语民族的地理状况和日常生活情况来学习其文化。

王老师：

使用直接法教学，该如何评价效果呢？

刘教授：

从以往的观察来看，我们在实际的课堂上没有看到任何正式的评价。这是因为直接法要求学生用学到的口语和写作技巧使用语言，而不是展示语言知识。例如，教师可能会在课堂上提问，或要求学生复述学过的段落、自由作文等。

王老师：

您的回答让我茅塞顿开。刘教授，您能不能再谈谈对直接法的评价呢？

刘教授：

好的，历史上语言教学法的转变反映了人们对外语学习目的的认识的转变。更重要的是，它还反映了人们对语言学习和语言本质认识的转变。直接法体现了人们在一定历史时期对这些问题的思考。

直接法兴起于 19 世纪末的教学改革运动，而后开始在欧洲及其他西方国家流行起来。在当时，它取代了不实用的语法翻译法，体现了外语教学的规律，满足了社会经济发展对外语教学的要求，在外语教学方面取得了很大的成效，是一种创新的外语教学方法。但是到了 20 世纪中叶前后，直接法的问题便渐渐暴露出来，比如，怎样避免通过翻译传递意义并排除不使用母语可能造成的误解，怎样在更高层次的学习阶段用直接法教授语言，怎样避免语法解释不明晰、学生说出的话语语法错误较多等问题。因此，以后的外语教学渐渐用中和后的直接法或其他方法代替直接法。

直接法是以语言使用为目的并训练学习者不再把母语作为外语学习参照系的第一次尝试。它对教师的教学创新提出了更高的要求，促进了不使用翻译进行外语教学的理念的发展。直接法虽然现已很少被全盘使用，但其影响深远。它把课文语篇（而非单个的句型）作为语言学习的基本单位，并通过实物和图片演示直观地解释单词或短语的意思。另外，提问技术、口头描述、听写、模仿等都是从直接法发展而来的。20世纪的英语教学方法，如五六十年代的听说法和视听法，都借鉴了许多由直接法发展而来的教学技巧。直接法在二语学习中态度鲜明地抛弃母语的使用，这对后来的沉浸式教学法、交际法等教学方法也产生了一定的影响。

王老师：

谢谢刘教授！

阅读与思考：

- 直接法与语法翻译法有着迥异的语言教学观，这些差异主要表现在什么地方？你是如何看待这些差异的？
- 你认为在现在的教学实践中有哪些教学方法或技巧受到了直接法的影响？

延伸阅读：

Brown, H. D. 2002. *Principles of Language Learning and Teaching* (*Third edition*) [M]. Beijing: Foreign Language Teaching and Research Press.

Larsen-Freeman, D. 2000. *Techniques and Principles in Language Teaching* (*Second edition*) [M]. Oxford: Oxford University Press.

Richards, J. C. & T. S. Rodgers. 2001. *Approaches and Methods in Language Teaching* (*Second edition*) [M]. Cambridge: Cambridge University Press.

徐晨. 2012. 外语教学法流派介绍之直接法 [J]. 考试周刊，95: 87–88.

章兼中. 1983. 国外外语教学法主要流派 [M]. 上海：华东师范大学出版社.

第四章　听说法

通过本章学习，你将能够：
- 了解听说法外语教学思想发展的社会历史背景
- 理解听说法的理论基础、核心概念和教学理念
- 初步掌握听说法的课堂教学过程和操作步骤
- 正确认识和评价听说法的优势、不足及历史地位

第一节　方法概述

听说法产生于 20 世纪 40 年代的美国。第二次世界大战爆发后，特别是 1941 年太平洋战争爆发、美国正式宣布参战之后，美国在战场上急需流利使用德语、日语、法语、意大利语、汉语、马来语等不同语言的口语人才，来承担翻译和电码解读工作，而美国学校培养的外语人才无论是在数量上还是在水平上都无法满足战时需求。为此，美国建立了"军队特别训练项目"（Army Specialized Training Program, ASTP），采取一系列措施和手段来强化训练士兵的听说能力，并邀请 55 所大学参与，目的是要在短时间内培养大批掌握外语口语的军人。

事实上，一些参与项目的语言学家此前就已有了相关的研究积累。例如，布龙菲尔德(L. Bloomfield)等人就使用过"当地人法"（Informant Method）。语言学家和人类学家在调查印第安人的语言和人种时曾经用过此法。由于没有现成的教材，他们就聘请操本族语者，在语言学家的指导和控制下直接与学习者对话。语言学家并不一定懂目的语，但他们能运用语言学知识从操本族语者使用的语言中抽取出与情景配合的句型，要求学习者记住这些句型并与操本族语者交谈。学习者每天要学习 10 个小时，每周 6 天，一期一般 6 周。结果证明，在小班授课、学习者动机较高的条件下，这种方法收效甚好，后来美军在培养外语人

才时采用此法，在美国引起了轰动，因而它被称为"陆军法"（Army Method）。

战后，该方法被应用到学校的外语教学中，并于五六十年代风靡美国和西方各国，发展成为语言教学史上具有里程碑意义的方法，即听说法（Audiolingualism/Audiolingual Method）。密歇根大学最先成立英语教学研究所，研究所主任弗里斯（C. Fries）主张将结构作为教学的起点，强调教学中对学习者进行语音和句型的强化训练。这一主张反映了结构主义的语言观。20世纪50年代以后，随着越来越多的美国语言学家加入到语言教学研究的行列，结构主义语言学的语言教学理念也得到广泛认可（Howatt，1984；Richards & Rodgers，2001；章兼中，1983）。

听说法诞生之际，正是美国结构主义语言学如日中天之时，因此后者自然而然地成为前者的语言学基础。结构主义语言学在描写、分析话语和研究外语教学理论方面做了大量的工作。以布龙菲尔德为首的结构主义语言学家在创建美国新的外语教学法——听说法方面做了重要贡献，结构主义语言学的理论和方法也成为听说法的语言学基础。莫尔顿（Moulton，1963）将这些原则简明地概括为五句口号：

1. 语言是"说"，而非"写"；

2. 语言是一套习惯；

3. 教授语言，而非关于语言的知识；

4. 语言就是操本族语者所说的话，而非别人认为他们该说的话，也并不是说操本族语者永远正确；

5. 不同语言之间存在差异。

如果说结构主义语言学是听说法的语言学基础，那么行为主义则是听说法的心理学基础。行为主义强调通过不断练习、不断重复等途径来强化学习效果，宣称可以通过"刺激""反应""强化"这三个要素来理解和解释包括语言学习在内的人类行为。其中，"强化"是关键，在"强化"的作用下，语言学习形成一个循环往复的"刺激—反应"链条。

听说法把听说放在首位，主张听说是一切言语活动的基础，读写都是在此基础上派生出来的。先用耳听，后用口说，经过反复操练，最终自动地运用所学语言，即把听到的外语用口头表达出来。在教学过程中，听说法主张以句型操练为中心，认为句型是典型的句子模式，是语言的基本结构，不仅有结构意义，还有词汇意义和社会文化意义。

听说教学法在实际的教学过程中运用结构教学大纲，重视语言结构和规则的教学，同时也对学生的语言交际能力提出了一些基本要求。首先，听说法主张把外语而非学习者的母语，作为课堂教学的语言。其次，听说法注重为学习者营造一个地道的外语环境，使学生自然地接受和应用外语。在课堂上，教师会讲解语法规则和正确的句子结构，但不会翻译课文或让学生做任何翻译练习。教师只会要求学生不断重复正确的句子和语言表达，直到他们形成正确的语言"习惯"为止。此外，听说法的课堂教学以教师为中心，但同时也鼓励学生多说多练，对语言学习者的语音正确性和表达能力提出较高要求。

以下是对听说法教学原则的小结：

1. 语言学习是一个模仿、重复和习惯养成的过程；

2. 听说训练是发展其他语言技能必需的基础，"听说领先，读写跟上"是获得语言技能的有效途径；

3. 学习语言时，类推胜过分析，类推包括归纳和对比，在充分操练之后再对规则进行解释；

4. 教师对学生正确或错误的语言运用都要及时给予反馈，以便正强化或负强化；

5. 运用教学录音和录像等电化设备来辅助教学。

由于其坚实的结构主义语言学和行为主义心理学的基础，听说法的诞生标志着语言教学从技艺走向科学，具有划时代的意义。听说法以口语为中心，以培养听说能力为主导，强调句型的训练，创造了一套通过模仿和重复等手段对句型进行操练的基本训练方法。听说法限制使用母语但不排斥母语的作用，主张通过对比母语和外语来确立教学重点和难点。此外，听说法开始运用现代化视听手段进行教学。麦克米伦（中国）出版有限公司出版的广播教材《英语900句》就是一套按照听说法理论编写的英语口语学习教材，在全世界影响深远。

阅读与思考：

● 听说法是在什么社会历史背景下产生的？

● 听说法的关键概念有哪些？请根据自己的理解加以解释。

● 听说法与直接法的教学思想有什么联系和异同？

第二节　典型课堂

这节课的主要目的是学习一段对话，并操练对话中的重点句型。上课一开始，马老师就通过动作、图画等辅助手段，给学生解释对话的意思，但她没有使用母语。[3]

Sally: Good morning, Bill!

Bill: Good morning, Sally!

Sally: How are you?

Bill: Fine, thanks. And you?

Sally: Fine. Where are you going?

Bill: I'm going to the post office.

Sally: I am, too. Shall we go together?

Bill: Sure. Let's go.

接着，马老师让全班同学再听她完整地复述一遍对话，留心她的读音和语调。然后，她一句一句地领读。由于学生对新句型 I'm going to the post office. 不是很熟练，马老师耐心地将句子拆成词组，让学生跟读：

T: Post office.

Ss: Post office.

T: To the post office.

3　本教学课例根据拉森-弗里曼（2000）改编。

Ss: To the post office.

T: Going to the post office.

Ss: Going to the post office.

T: I'm going to the post office.

Ss: I'm going to the post office.

马老师领读几遍之后,全班同学对这段对话的每一句都非常熟悉了。这时,马老师读 Sally 的台词,学生读 Bill 的台词。待到大家熟练地说出 Bill 的每一句台词之后,马老师就和学生互换角色,让他们用同样的办法操练 Sally 的句子。然后,马老师把全班同学分成两组,一组扮演 Bill,另一组扮演 Sally,继续操练对话中的句子。整个过程中,如果哪位同学出了错误,马老师就会让全班停下来,自己重新示范,而后再让他们继续,直到全班同学对这段对话的每个句子都非常熟悉为止。

接下来,马老师让学生用"开火车"的方式继续操练这段对话,只是这次她要求他们使用自己或同伴的名字,而非对话中的 Sally 或者 Bill。所谓"开火车",就是大家按照座位排列每人说一句:

Good morning, Zhang Hao!

Good morning, Lin Tao!

How are you?

Fine, thanks. And you?

…

在此过程中,如果哪位同学表达有困难,或者说得不准确,马老师就会让他(她)重复一次或数次,直到正确为止。

接下来,马老师引导学生做替换练习。所谓替换练习,就是老师给出提示词,学生用提示词替换对话中的相应词组,如:

Ss: I'm going to the post office.

T: The bank.

Ss: I'm going to the bank.

T: The hospital.

Ss: I'm going to the hospital.

…

"很好！"马老师对学生的表现非常满意。然后，马老师又用幻灯片演示了 school, park, drugstore, museum, railway station 的图片，让学生继续操练 I'm going to... 这一句型。

接着，师生再用同样的方法，以 she, he, they, we, the students, our math teacher, the school master 等为提示词，来替换原句型中的 I，同时要求学生根据主谓一致原则，使用动词 be 的适当形式。

接下来，马老师交替给出地点名词、人称代词或名词，要求全班同学进行替换操练：

T: I'm going to the post office. The park.

Ss: I'm going to the park.

T: Our school master.

Ss: Our school master is going to the park.

…

在确信全班同学都已熟练掌握了 I'm going to the post office. 这一句型之后，马老师又引导他们进入句型转换环节。马老师先向学生说明做法：I say, "I'm going to the post office." You may ask a question by saying, "Are you going to the post office?" Then I answer, "Yes, I'm going to the post office." 然后，马老师又用自己先前演示过的图片做示范：

I'm going to the museum.

Are you going to the museum?

Yes, I'm going to the museum.

接下来，马老师再次快速演示那些图片，让全班同学进行陈述句和问句的操练。在他们都可以熟练地在陈述句和疑问句之间进行转换之后，马老师又引导他们在陈述句和否定句之间进行转换。她用手指着一张 supermarket 的图片，问全班同学：

Are you going to the museum?

学生注意到了图片和老师话语意义的不同，明白了老师要求他们做出否定回答：

No, we are not going to the museum. We are going to the supermarket.

然后，马老师又出示了几张图片，同时说了一些句子，有些与图片相符，有些与图片不符。学生根据老师的话语与图片内容，在肯定回答与否定回答之间进行变换。

在本节课的最后几分钟，马老师又回到开头的那篇对话。她把全班同学分为两组，一组扮演 Sally，另一组扮演 Bill，一问一答，复述对话，然后变换角色，再次复述。有了前面几个环节的铺垫，学生对这段对话的内容已经非常熟悉，所以分角色对话复述进行得非常顺利。

在整个句型操练的过程中，马老师并没直接给学生讲解语法规则，而是主要通过例句、手势和图片，让学生理解句子的结构和句型的用法。

阅读与思考：

● 这一节听说法的课堂教学实例大致可分为几个阶段 / 环节？每个阶段 / 环节的主要关注点是什么？

● 这个课例在哪些方面改变了你对听说法的认识？

● 句型操练是听说法的核心。在本课例中，马老师分别采用了什么方法来操练句型？这些方法是按照什么顺序安排的？

● 对比语法翻译法和直接法，听说法给教师带来了哪些新的困难和挑战？

第三节　案例解析

在上述课例中，教师运用了一些听说法的教学理念和原则。下面我们结合课堂教学实践，具体解释这些理念和原则。

课堂教学实践	听说法的理念和原则
马老师通过动作、图画等辅助手段，给学生解释对话的意思，但她没有使用母语。	听说法认为，母语和外语分属不同的系统。为了避免母语对外语系统的干扰，教师应该尽量少用母语来教授外语。
马老师让全班同学再听她完整地复述一遍对话，留心她的正确读音和语调。然后，她开始一句一句地领读。	在听说法的课堂上，教师的一个主要任务就是为学生做出正确的示范，以便让学生正确地模仿目的语的语音和语调。
马老师领读几遍之后，全班同学对对话的每一句都非常熟悉了。	听说法认为，学习的过程是一个习惯形成的过程。重复的次数越多，形成的习惯就越牢固，学习的效果也就越好。
学生对新句型 I'm going to the post office. 不是很熟悉，马老师耐心地将句子拆成词组，让学生跟读。	听说法认为，错误是语言学习的大敌，从一开始就应该避免。错误会导致学生形成不良的习惯，一旦发现错误，就应该立即纠正。
"很好！"马老师对学生的表现非常满意。	根据行为主义心理学，正面的强化有助于人们形成正确的习惯。
马老师交替给出地点名词、人称代词/名词，要求全班同学进行替换操练。	结构主义语言学认为，不同的词类在句子结构中占据不同的"空位"。为了帮助学生造出正确的句子，学生应该掌握哪些词类在句中占据哪些"空位"。
马老师引导学生从句型替换进入到句型转换环节。	每种语言都是由一定的句型构成的。熟练地掌握句型的结构及转换形式，将有助于学生掌握这门语言的基本结构，也有助于他们形成正确的语言习惯。
马老师给出提示词，要求学生用提示词替换对话中的句子。	听说法教学的主要目的是帮助学生掌握句型结构。词汇是用来填补句型结构的"空位"的，一般由学生自己在课后学习。

(续表)

课堂教学实践	听说法的理念和原则
在整个句型操练过程中，马老师并没有直接给学生讲解语法规则，而是主要通过例句、手势和图片让学生理解句子的结构和句型的用法。	听说法认为，外语学习的过程和母语习得的过程是相同的。语法规则的学习要通过归纳而非演绎的途径来实现。所以，听说法非常重视例句、图片等辅助手段，尽量避免直接讲解规则。

阅读与思考：

- 通过上述解析，你认为在依据听说法设计的课堂上，教师和学生应该分别扮演什么样的角色？
- 在听说法中，哪些语言技能得到了重视？

第四节　理论链接

听说法形成于 20 世纪中期的美国，是传统外语教学法中又一个非常重要的教学方法。听说法是在结构主义和行为主义的理论基础上建立起来的外语教学法，代表人物有布龙菲尔德、弗里斯、华生（J. B. Watson）和斯金纳（B. Skinner）。一方面，听说法仍然强调语法规则的学习，因为它支持传统的语法观点，认为语言是由结构上相关联的不同部分组合而成的，语言学习者要想理解语言的意思就一定要学习并理解连接这些语言成分的语法规则；另一方面，听说法认为语言学习可以通过强化来实现，要求教师务必教授正确的句子、词汇及语言模式，学生则应该不断地重复强化，直至可以熟练运用。

理论链接之一：结构主义语言学

结构语言学或结构主义语言学倾向于把语言看成一个结构完整的系

统。这种观点最早始于瑞士语言学家索绪尔（F. de Saussure）在《普通语言学教程》中所阐述的语言学理论。结构语言学特别强调系统性，对语言和言语加以区分，认为语言从本质上说是一种由词汇、语法和语音中相互联系的成分构成的系统，语言的这种系统性表现在组合和聚合这两种纵横交错的结构关系上。除了索绪尔的理论外，结构主义语言学还主要包括布拉格学派、哥本哈根学派和美国结构主义学派。其中，美国结构主义学派对听说法的影响最大。

美国结构主义语言学注重对语言的描写，因此又被称为描写主义语言学，其基本主张主要体现在布龙菲尔德的著作《语言论》中。在这本书中，布龙菲尔德提出了研究语言的基本原则和描写语言结构的总体框架。他指出，每种语言都有独特的结构系统，不可能像传统语法那样用一种统一的模式（如拉丁语法）去描写和解释各种语言的结构；语法范畴不可能按照意义去限定，而应该按照其成分分布去限定；对语法结构的分析可以按照直接成分分析法来进行等等。

之前的语言研究都把书面语作为唯一的研究对象，而结构主义语言学则把口语作为研究重点。结构主义认为，语言就是口语，口语位居首位，书面语位居其次，文字只不过是记录口语的符号。同时，结构主义把语言看成是由各个相互关联的成分（音位、词素、词、短语、句子等）按层次组成的一个结构系统，这个大系统又可以按照直接成分分析法被分解成若干个相互联系的子系统。任何一种语言现象都可以从某一特定的结构（如语音系统、词汇系统、句法系统等）来进行描写和解释，其中句法结构系统（即基本句型和语法框架）是最复杂的，也是最基本的（Waters，2007）。

美国结构主义语言学也试图对人类的语言学习进行解释。这种语言学吸收了美国行为主义心理学的"刺激—反应"理论，把语言看成是由一系列的"刺激"和"反应"构成的言语行为和习惯，而语言学习过程就是"刺激—反应"再加上"强化""重复""模仿"的习惯形成过程。结构主义语言学认为，学习一门新语言就是形成一种新的言语行为习惯。这一观点与听说法中所强调的"反复操练，形成习惯"及"限制甚至排斥使用母语"等教学原则是有密切联系的。

理论链接之二：行为主义心理学

行为主义心理学是美国现代心理学的主要流派之一，也是对西方心理学影响最大的流派之一。它是"顺应"当时的具体社会历史条件，以"彻底"唯物主义的姿态出现的。行为主义心理学的诞生以华生在 1913 年发表的《行为主义者眼中的心理学》一书为标志。

行为主义学习理论关注学习者对内容的掌握，其主要观点是：

1. 学习的实质在于形成"刺激"与"反应"之间的联结，这种联结是直接的、无中介的，是在错误中摸索出来的。它强调对学习过程的客观研究，相对忽视学习的内部过程。其中，刺激是指学习主体所在的特定环境，反应则是指主体在刺激作用下做出的反应。学习者学到了什么，学习效果如何，都取决于环境，并受环境制约，而非由学习主体自身决定。华生（Watson，1930）曾说："给我一打健全的婴儿，我可以用特殊的方法任意地加以改变，或者使他们成为医生、律师……，或者使他们成为乞丐、盗贼……"。

2. 联结和强化在学习中起着重要的作用。对于一个业已形成的"刺激—反应"联结，如果在短期内对之不断加以强化，它就会变得愈发牢固，也就是说，学习的效果更好。行为主义者普遍强调在学习过程中通过不断练习、不断重复等途径来强化学习效果。

斯金纳是行为主义学习理论的构建者。该理论认为，语言学习的过程就好似一个不间断的"操作"过程。发出一个动作，就会得到一个结果或达成一个目的，这个动作就是"操作"。如果结果令人满意，"操作"就会重复下去，这时"操作"便得到了"强化"，这也被称为正强化。反之，则为负强化。斯金纳把动物和人类的学习看成是操作，而操作的规律就是强化。他把教学程序归结为"刺激—反应—强化"，进一步阐释了"强化"在学习过程中的重要意义，认为"强化"是学习成功的关键。在教学中只有采取积极的强化措施，才可以使某种行为形成习惯（张厚粲，2003）。

整体上讲，行为主义语言学习理论可以概括为如下四点：

1. 语言是一种习惯，是人类一切行为的根本，是在外界条件的作用下逐步形成的。

2. 在语言习得和语言学习过程中，外因是内因变化的主要因素，因此，语言行为和语言习惯会受外部因素的刺激而发生变化，而非受内在行为的影响。

3. 儿童习得和学习语言是按照操作制约的过程进行的：发出动作——获得结果——得到强化。

4. 语言行为需要正强化才能形成并巩固，它是学习者形成语言习惯的重要外部影响因素之一。

阅读与思考：

● 听说法中的"听说领先"和"句型中心"体现了哪些结构主义语言学的理念？

● 谈谈你对语言和言语概念的理解。

● 你认为行为主义学习理论对教师课堂教学有何启示？

第五节　对话交流

马老师按照自己对听说法教学理念和方法的理解，为我们呈现了一节听说法的教学课例。但她对这一方法还有些疑问和困惑。带着这些疑问和困惑，马老师请教了语言教学专家孟教授，他们的对话如下：

马老师：

学习了听说法之后，我想在课堂上尝试一下，您认为应如何在教学过程中贯彻以句型结构操练为中心的教学原则呢？

孟教授：

句型是语言教学的基础，也是听说法外语教学的核心。听说法认为，语言技能的培养应围绕句型这个中心来进行。句型是句法结构的模式，是根据句子结构意义和结构特点从大量的句子中抽选出来的典型样式。句型具有高度的代表性和概括性，每一种句型都反映一定的语言现象。因此，教师要从句型教学的基本模式入手，主要采取"呈现—操练—巩固"的模式，使学生明确具体的表达方式，从而达到准确使用句型的目的。在呈现完句型的形式和意义后，教师务必要弄清学生是否真正掌握了其含义，不能仅仅在形式层面进行简单的操练，而是要等到学生明白句子含义后再进行操练，操练应兼顾音、形、义三个方面。学生不仅要理解英语句型的结构形式和语法意义，还要掌握语音语调，由正确朗读到上口熟练，再到脱口而出，直至能够灵活运用。

马老师：

听说法在课堂教学中几乎完全排斥使用母语，为什么？这样做有什么好处？

孟教授：

听说法有两个信条：一是不同语言之间差异巨大；二是操本族语者永远正确。因此，听说法把培养口语能力作为外语教学的首要目的，要求学生直接用外语进行思维，而使用母语或翻译进行教学则会妨碍学生直接用外语思维，减慢学习速度，对掌握口语不利。英语口语教学致力于培养学生的口头交际能力，教师应帮助学生养成良好的口头交际习惯，使之做到语言清晰、流畅、达意。听说法强调在英语教学中培养学生用英语进行思维的习惯。没有经过此种训练的人，大都是把听到的东西译成母语后储存在记忆里，而在开口说话前，又在脑子里下意识地寻求母语的表达式，然后把想说的话译成英语，这样难免受到母语的干扰。而且，这种借助于母语表达出来的东西也多半不地道，多是

Chinglish。比如，让别人先进门或先上车时，一些英语学习者常常根据汉语的表达习惯，说成：You go first. 或 Go first, please! 而 After you. 才是地道的英语表达。用这种方式与操本族语者交流，常常会有障碍，甚至造成交际失败。听说法强调教师在英语口语教学中让学生听地道的英语，让他们边听边直接用英语把听到并理解了的内容储存在记忆里，培养他们克服母语干扰、直接用英语表达的良好习惯。

马老师：

　　您是怎么评价听说法在外语教学流派中的地位的？它有什么优缺点？

孟教授：

　　首先，听说法是一个具有坚实理论基础的教学法。与语法翻译法、直接法等之前的教学法流派不同，它是在教学实践中逐渐形成和发展起来的，是语言学家、心理学家和教育学家共同合作"生产"出来的。这一方法的诞生，标志着语言教学研究者的理论自觉，是语言教学法历史上一个具有里程碑意义的事件。听说法把语言结构分析的研究成果运用到外语教学中，给教材的编写和教学过程的安排提供了科学的依据，对提高外语教学的科学性无疑做出了非常重要的贡献。至于优点有很多：听说法强调外语教学的实践性，重视听说训练，建立了一套培养语言习惯的练习体系；把句型作为外语教学的中心；广泛利用对比法，在对比分析母语与目的语的基础上找出外语学习的难点，并在教学中有针对性地加以解决；广泛利用现代化教学手段。这些都具有积极进步的意义。但是听说法过分强调机械性的句型操练，脱离社会场景，忽视语言内容和意义，不利于培养学生运用语言进行恰当交际的能力。有些学生能把句型背得滚瓜烂熟，但在交际场合却不会运用或运用不当。同时，机械性的语言操练也比较单调，容易使学生感到枯燥乏味，造成课堂气氛沉闷。毕竟，听说法的前身是军队特别训练计划，它取得成功的先决条件是学习者是具有高度组织化和纪律性的军人，并且这些军人为国效力的动机也非常强烈，而这些因素在一般学习者身上并不具备。对于一般学习者而言，枯燥无味的机械操练只能降低他们的学习兴趣和动机，使得语言学习的效果大打折扣。此外，听说法还过分强调听、说、读、写的绝对顺序，忽视学习对象的年龄特征和学习目的，造成学生各项语言技能的不平衡，尤其是造成了他们阅读和写作能力的下降。最后，听说法过分强调防止学生犯错，造成学生在学习中，特别是在运用新的语言材料时，提心吊胆，怕犯错误，怕被取笑，阻碍了他们用外语交际的积极性。

马老师：

我也有同感。看来对任何一种教学流派和方法都不能过分迷信，应该取其所长。

孟教授：

对，这正是我们对待不同教学方法和流派的正确态度。

阅读与思考：
- 听说法主张"听说领先，读写跟上"。在各个阶段的教学中，你认为该如何实施？
- 听说法在课堂教学中排斥或限制使用母语，这与语法翻译法和直接法有什么不同？
- 听说法对你的语言教学有什么启示？
- 你认为听说法有什么优势和不足？

延伸阅读：

Castagnaro, P. J. 2006. Audiolingual method and behaviorism: From misunderstanding to myth [J]. *Applied Linguistics*, 27(3): 519–526.

Larsen-Freeman, D. 2000. *Techniques and Principles in Language Teaching (Second edition)* [M]. Oxford: Oxford University Press.

Richards, J. C. & T. S. Rodgers. 2001. *Approaches and Methods in Language Teaching (Second edition)* [M]. Cambridge: Cambridge University Press.

束定芳，庄智象. 1996. 现代外语教学：理论、实践与方法 [M]. 上海：上海外语教育出版社.

章兼中. 1983. 国外外语教学法主要流派 [M]. 上海：华东师范大学出版社.

朱治中. 1983. 二十多年来外语教学方法论辩论、发展及其趋势（上）[J]. 国外外语教学，2: 1–4.

第五章　认知法

通过本章学习，你将能够：
- 了解认知法外语教学思想发展的社会历史背景
- 理解认知法的理论基础、核心概念和教学理念
- 初步掌握认知法的课堂教学过程和操作步骤
- 正确认识和评价认知法的优势、不足及历史地位

第一节　方法概述

20 世纪 60 年代，科学技术飞速发展，知识信息量激增，国际间的政治、经济、军事、科技等各个领域竞争激烈，需要大量能够直接进行国际间交流的高水平人才，这就要求外语教学不仅要帮助学生记忆知识，而且还要培养和发展学生的智力。以培养口语能力为主的听说法日益暴露出其致命的弱点——机械性，外语教学界要求用新的方法取代听说法的呼声越来越高。与此同时，美国的心理学、教育学、语言学等基础理论学科也有了很大的发展，这就为创立新的外语教学法体系提供了坚实的基础。1964 年，美国著名心理学家卡罗尔（J. B. Carroll）教授在《语法翻译法的现代形式》一文中，针对直接法和听说法在教学实践中暴露出来的种种弊端，首先提出了认知法（Cognitive Approach），旨在以教学效果更佳的教学方法取代曾在外语界极有影响的直接法和听说法。

认知法又名"认知符号法"，是"关于外语教学中发挥学生智力作用，重视对语言规则的理解，着眼于培养实际而又全面地运用语言能力的一种外语教学法体系"（章兼中，1983）。认知法认为，学生学习外语是有意识的行为，要先理解句子的结构，在理论基础上反复操练，学习是积极、主动的行为；教师要充分利用和开拓学生的逻辑记忆和推理能力，促使其通过语言现象去分析、理解和运用语言，从而自觉地掌握外语。

在认知法的初创时期，创始人卡罗尔（Carroll, 1966）宣称它是"升级的、现代的语法翻译法"，可见它与语法翻译法的继承关系。语法翻译法的一些基本特点在认知法中都有所保留，例如，重视语法的作用，在课堂上使用母语和翻译，以文字符号为依托，听、说、读、写四会并举等，只是变得更加合理了。同时，认知法又对语法翻译法的一些不足进行改造，把当初的死记语法条文改造为实际掌握和使用语言，把语法同语言使用结合起来，精选语法中有助于掌握语言的规则教给学生，促进语法规则的学用结合。课堂上也不再一味使用母语，而是优先使用外语，翻译只是讲解、练习和检查等手段中的一种。此外，认知法虽然也以文字符号为依托，但它同时也相当重视口语训练，这也是它与古典的语法翻译法不同的地方。

认知法从一开始就是以反对听说法的面貌出现的。它认为听说法把外语教学的过程机械化了，把语法教学的内容形式化了，使学生成了"刺激"的被动接收者，缺少智能的开发，忽略了学生的主体性和主动学习能力在外语学习中的积极作用；再者，因为它不讲授语法，学生对语言只能单纯地"反应"，结果造成他们阅读能力差、独立工作能力差、连贯使用语言能力差。认知法则认为人能够进行感知、记忆、分析、综合、判断、推理等一系列智能活动，强调在把握外语学习的认知规律和学习者的心理特点的基础上，在译码、操作、提取、运用语言知识的过程中，培养学生能动的思维能力。它重视语言知识和语法规则的理解和创造性运用。此外，认知法在对待学生错误、听说读写技能的发展顺序、母语与外语之间的关系等方面也与听说法迥然不同。

认知法的语言学基础是乔姆斯基（N. Chomsky）的转换生成语法。乔姆斯基于 20 世纪 50 年代末发表两部论著《句法结构》（1957）和《评斯金纳的"言语行为"》（1959），对听说法的两大理论基础——结构主义语言学和行为主义心理学——给予了尖锐的批评，对语言的本质及语言如何习得这两个问题的研究产生了重大的影响。乔姆斯基认为，语言不是一个习惯结构，而是一个转换生成过程；人脑中有一种先天的语言学习机制，语言学习不是单纯模仿和记忆的过程，学习者通过有限的语言规则可以创造出无限的句子；语言学习不是对外界刺激进行机械的反应，而是人类凭借先天固有的语言能力完成的；各种语言虽然在表层结构上千差万别，但也不乏共性。在语言学方面，乔姆斯基的这些革命性思想对认知法产生了重大的影响。

20 世纪 60 年代兴起的认知心理学为认知法奠定了心理学基础。认知心理学重视感知、理解、逻辑思维等智力活动在获取知识过程中的积极作用，其理论源流则是瑞士心理学家皮亚杰（J. Piaget）的"发生认识论"和美国心理学家布鲁纳（J. S. Bruner）的"学科基本结构"理论及"发现法"等。前者主要研究认识是怎样形成和发展的，后者则提出教师在教学过程中要让学生掌握学科的基本结构以及以学生为中心的观点。皮亚杰和布鲁纳都反对行为主义把学习看成通过"刺激—反应—强化"而获得新知识的做法。同时，美国认知教育心理学家奥苏伯尔（D. P. Ausubel）也提出了"有意义学习"的理论，他认为"学习必须是有意义的"，知识只有在理解的基础上才能学得快、记得牢、用得好。总之，认知心理学认为，学习基本上是由学习者本人掌控的，并非受外部环境支配；人脑在感知经验、获取和储存知识方面不是被动的，也并非由环境任意摆布，而是发挥了积极的决定性作用的（施良方，1994）。这与听说法的语言学观可谓针锋相对。

认知法的基本教学主张可归结为如下六条：1. 以学生为中心；2. 在理解语言知识和规则的基础上操练外语，强调有意义的学习和有意义的操练；3. 主张听、说、读、写齐头并进，实现学生语言能力的全面发展；4. 适度利用母语辅助外语教学；5. 对学生的错误应加以疏导，不要一味逢错必纠；6. 广泛使用直观教具和电化教学手段，使外语教学情景化、交际化。

随着认知科学的发展，我们在语言研究方面也不应停留在语言现象本身，而应加强语言应用的研究，比如，心理语言学、认知语言学、语用学等。认知法摒弃了以教师为中心的传统教学模式，主张以学生为中心，强调进行有效的输入与产出，加强有意义的操练，充分调动学生的能动性，发挥他们的观察能力与认知能力。这些都对外语教学起到了积极的启示性作用。

阅读与思考：

● 认知法是在什么社会历史背景下产生的？

● 有人说，认知法是语法翻译法的升级版和听说法的对立物，你如何理解这种说法？

● 根据以上介绍，列出几个认知教学法的基本特征，并根据自己的理解加以阐述。

第二节　典型课堂

赵老师这节课是按照认知法的理念给学生教授英语被动语态。整个教学过程分为三个阶段：语言理解、语言能力培养和语言运用。[4]

开始上课了。赵老师走进教室，和学生互致问候以后，在黑板上写了一个句子：We built the house last year. 然后让学生将其译成汉语。接着赵老师问全班同学，如果要用英语表达"房子是去年建的"，该怎么说。说着，赵老师又在黑板上写了一个句子：The house was built last year.

接着，赵老师宣布本节课的教学内容——被动语态，并告知学生整节课的目的和步骤，然后让他们阅读教材中的下列内容：

> Mr. Xu is a very successful businessman. He runs a big jeans business. This is how his business started.
>
> First a plot of land was bought and a small factory was built on it. Then six sewing machines and an amount of denim material were bought. Then three cutters and six machinists were employed, and a foreman, a secretary and two salesmen were appointed. The jeans were designed by Mr. Xu himself

---

4　本教学课例根据顾曰国（1998）改编。

and the design was given to the cutters. The material was cut by the cutters and then sewn by the machinists. The final product was inspected by the foreman. The jeans were sold by the salesmen. Soon more workers were employed and two new factories were opened.

Now Mr. Xu is very rich and his business is very successful.

接着，赵老师让全班同学认真阅读上述材料的第二段，边读边填写下表。表中第一行标出的数字是学生填表的顺序。也就是说，学生应该首先填写该段中所有的主语，然后填写动词 be 的适当形式，再然后填写每句话中动词的过去分词，最后填写每句话中的状语短语和连接词（如果句中包含这些成分的话）。

连接词 5	主语 1	动词 be 的形式 2	动词过去分词形式 3	状语短语 4

学生填完表格后，赵老师让他们注意观察每句话在形式和意义上的共同点，并同黑板上的 The house was built last year. 相比较，试着总结主动语态和被动语态的一般句式。随后，赵老师在黑板上写出被动语态的构成成分。

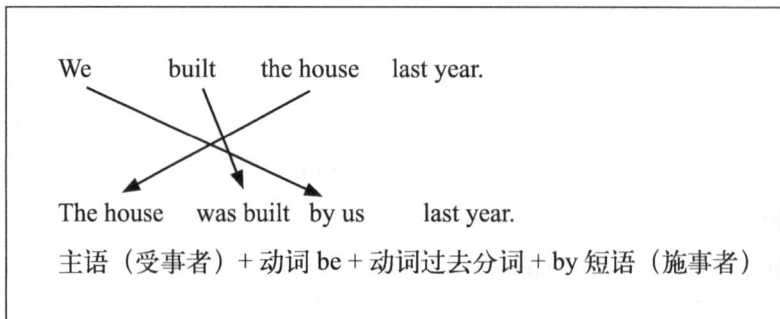

We　　built　　the house　　last year.

The house　was built　by us　　last year.
主语（受事者）＋动词 be ＋动词过去分词 ＋ by 短语（施事者）

接着，赵老师又引导学生分类复习原来学过的动词过去式及过去分词。老师说动词原形，学生说过去式及过去分词：

AAA	ABA	ABB	ABC
cost–cost–cost	come–came–come	bring–brought–brought	do–did–done
cut–cut–cut	become–became–become	buy–bought–bought	go–went–gone
hit–hit–hit	run–ran–run	build–built–built	wear–wore–worn

接下来，赵老师让全班同学听了几个句子，要求他们辨别这些句子是主动语态还是被动语态：

This cake was bought yesterday.

His father has left the city.

…

此外，赵老师还指导学生做了一些单词组句、主被动句型转换和翻译练习，直到大家完全掌握了英语被动句的结构和意义为止。

为了帮助学生在口笔语中运用被动语态，赵老师又让他们相互谈论家乡发生的变化，并呈现一个含有名词和动词的列表，来帮助他们完成任务。

Nouns you may use: housing, block of flats, state-owned, private building, entertainment, theater, cinema, bowling alley, municipal town hall, law court, police station, library, school, factory, shop, restaurant, sports facility, park, statue, fountain, square, tree, plant, etc.

Verbs you may use: build, construct, demolish, knock down, establish, close, open, plant, create, etc.

即使学生在交谈过程中出现了错误，赵老师也不立即纠正，而是待到他们的口头报告结束后，才一并指出来。

最后，赵老师给学生布置了家庭作业，要求他们根据口头交谈的内容，写一篇题为 "How my hometown has changed" 的作文。

阅读与思考：

● 你认为这个课堂案例是否较好地遵守了认知法的教学原则？

● 赵老师让学生先讲解课文的教学方式可行吗？

● 比起前面介绍的一些方法，认知法给教师带来了哪些新的挑战和困难？

第三节 案例解析

课堂教学实践	认知法的理念和原则
整个教学过程分为三个阶段：语言理解、语言能力培养和语言运用。	认知法认为，掌握语言知识是基础，运用语言的活动是在语言知识的指导下进行的。外语教学的最终目的是培养学生的语言运用能力，而对语言知识的理解，则是有意义学习的出发点和基础。
赵老师在黑板上写了一个句子：We built the house last year. 然后让学生将其译成汉语。	认知法和听说法的一个重大区别就是它不排斥在课堂上使用母语。相反，认知法认为，对两种语言的有意识的对比，有助于学生更深入地认识两种语言之间的差异，进而促进其外语学习。
接着，赵老师宣布本节课的教学内容——被动语态，并告知学生整节课的目的和步骤。	先行组织者（Advance Organizer）是美国认知心理学家奥苏伯尔提出的重要概念。当学生面对新的学习任务时，教师有必要设计一个在学习材料之前呈现的引导性材料，以便搭建一个连接新旧知识的桥梁，这种引导性材料被称为先行组织者。
赵老师让全班同学认真阅读材料中的第二段，边读边填写下表。学生填写完表格后，赵老师让他们注意观察每句话在形式和意义上的共同点。	有意义学习是认知法的核心内容。让学生理解所学的知识是教学的首要任务之一。所以，教师要采用各种手段给学生解释所学的知识。在这里，赵老师用归纳的方法，让学生通过填表的形式，自己"发现"被动语态的构成方式。然后，教师在解释知识要点时，再根据具体情况，交替使用归纳法和演绎法。
随后，赵老师在黑板上写出被动语态的构成成分：主语（受事者）+ 动词 be + 动词过去分词 + by 短语（施事者）。	这里教师用明示的方法，直接告诉学生被动语态的一般句式。在认知法中，教师一般直接用母语解释语言知识要点。

（续表）

课堂教学实践	认知法的理念和原则
赵老师又引导学生分类复习原来学过的动词过去式及过去分词。老师说动词原形，学生说过去式及过去分词。	认知法非常重视新旧知识的联系，在讲解新知识的同时也操练旧知识，以旧带新。
赵老师还指导学生做了一些单词组句、主被动句型转换和翻译练习，直到大家完全掌握了英语被动句的结构和意义为止。	认知法认为，学生的语言能力是通过有意识、有组织的练习获得的。认知法和听说法一样，都主张通过各种练习来培养和内化学生的语言能力。但认知法反对无意义的机械性练习，主张与语言意义相结合的练习形式。
为了帮助学生在口笔语中运用被动语态，赵老师又让他们相互谈论家乡发生的变化。	语言运用是认知法教学的第三个阶段，是第二个阶段（即语言能力培养）的延伸。学生仅有语言能力是不够的，教师还必须提供情景化的交际性练习的机会，让学生获得语言运用能力。

第四节 理论链接

认知法具有深厚的理论基础，它不仅依托主流的语言学和教育学理论，还以现代心理学为理论基础，所以它的理论基础更加科学。这也正是认知法的最大特点。

理论链接之一：转换生成语法及其语言习得观

认知法形成的语言学基础是乔姆斯基的转换生成语法理论。转换生成语法单纯从形式的角度来描写语法结构，采用数学、逻辑学的符号和公式等形式化的手段来研究语法。乔姆斯基在语法研究过程中采用的是演绎法和内省法，其目标就是通过描述和分析语言结构和语言现象对语言使用者的语言能力做出充分的解释，找出普遍语法，并进而探查人类所特有的内在语言习得机制，解释语言的生成和语言的创造性等问题。

乔姆斯基的转换生成语法理论源于他对儿童语言的研究。乔姆斯基认为语言是某种天赋,儿童天生就具有学习语言的天赋,也即"语言习得机制"。他们不仅具有一般的倾向和潜力,而且有着关于世界本质的知识,尤其是关于语言本质的知识。按照他的观点,对语言或语言结构的研究能够揭示人类思维的本质。他认为儿童无论生活在什么语言环境中,都可以很快学会这种环境里的语言,他们不仅会模仿自己听到的话语,而且还可以根据这种语言的语法创造出许多有效的新句子。

根据乔姆斯基的观点,儿童获取语言知识是一种构造理论的行为,绝不是单凭经验就学会了语言。模仿是语言习得的基础,但语言习得不仅仅是模仿,主要还是创造,这就是语言的创造性。乔姆斯基认为,这种创造和生成新语言的能力是人与生俱来的天赋,是内在的机能。人人都有一本天赋的词典,人人都具有分辨语词变化的能力。人通过一系列规则可以生成句子的深层结构,即在每个句子表达出来以前就在大脑中存在的概念结构。有了这种深层结构,说话人的头脑中也就有了一个正确的句子,它仿佛是人说话时的台词。乔姆斯基认为,深层结构通过"转换部分"可以转换成表层结构,这即是通过语音所表达出来的句子。表层结构代表句子的形式,深层结构代表句子的意义。由此可见,乔姆斯基很注重两种语言结构的转换,但他更强调深层结构(Chomsky,1972)。

认知法正是以乔姆斯基的语言理论为基础的教学方法,它主张从学习规则入手培养学生创造性地运用语言的能力,进而促使他们通过对各种语音、语法和词汇的形式的学习和分析,获得有意识地控制语言学习过程的能力。

理论链接之二:认知心理学

认知法的心理学基础是瑞士心理学家皮亚杰的发生认识论、美国心理学家布鲁纳的学科基本结构和发现理论以及认知心理学家奥苏伯尔的有意义学习理论。

皮亚杰在 20 世纪 60 年代创立了"发生认识论",其研究的主要内容是知识是怎样通过人们的思维和心理活动最终形成和发展的。皮亚杰认为，掌握新知识是一种智力活动，这种活动含有一定的认知结构，并非行为主义心理学的 S–R（刺激—反应）公式所能完成的。他认为人类对外界的认识不同于动物，原因在于人是有智慧的，无论是接受刺激，还是对刺激做出反应，都是受认识结构所支配的，其内在动因是认识的源泉。在此基础上，皮亚杰提出了 S–（AT）–R 公式，即一定的刺激（S）被个体同化（A）于认识结构（T）之中，才能对刺激（S）做出反应（R）。离开了这种认识过程，人既不能顺利地进行任何社会实践活动，也不能很好地调适个体与自然界的关系，最终也就不能获取任何知识和技能。

布鲁纳于 20 世纪 60 年代提出的"学科基本结构"理论和"发现法"对外语教学颇有影响。他主张教学过程中要让学生掌握基本结构（包括概念、基本原理和基本原则），并充分发挥他们的主观能动性。不应该由教师把规则和原理灌输给学生，而是要让学生在教师的引导下，通过"自己发现"进行逻辑思维活动，对所学材料或对象进行观察、分析和归纳。这就是布鲁纳所倡导的"发现学习"。这种"发现学习"有助于激发学生的学习兴趣和学习动机，进而培养他们独立分析问题和解决问题的能力。

谈到学习，奥苏伯尔认为有两种类型：一种是机械性学习，另一种是有意义的学习。机械性学习是一种孤立的学习，特点是学生对所学的知识缺乏了解，纯粹用死记硬背的方法去记忆。有意义的学习则是一种认知学习，特点是学生在理解所学学科基本概念和规则的基础上学习，另外还了解知识结构之间的内在联系。他指出，机械的模仿记忆是一种"刻印"式学习，短期内有效，时间一长就失灵了。认知法认为，外语学习主要依赖于有意义的学习，无意义的模仿记忆或过多的死记硬背是不适宜的，尤其不适合成年人。

第五节　对话交流

赵老师系统地学习了认知法的相关理论，对此有着浓厚的兴趣，她还在认知法的引领下，呈现了一节认知法的教学课例。但她对这一方法还有些疑问和困惑。带着这些疑问和困惑，她特地访问了语言教学专家张教授，共同探讨了一些与认知法教学相关的问题。

赵老师：

张教授，您好！听了您讲的关于认知法的相关知识，我对这一方法很感兴趣，也查阅了一些相关资料，并结合自己的体会设计了一节认知法的课例。您能给些评价吗？

张教授：

小赵，你设计的课例我看了，我认为它充分体现了认知法以学生为中心的基本原则，最大限度地调动了学生的学习积极性，并培养了他们的创造性思维。课堂上注重对学生听、说、读、写的全面训练，也充分体现了认知法的教学特点。语言理解、语言训练和语言运用三个环节的设计也很到位，对它们之间的关系和过渡也把握得很好。另外，你在课堂组织形式、教学材料及教学情境的真实性及教师角色等方面也充分体现了认知法的精神和理念，具有较强的课堂操作性和示范性。

赵老师：

谢谢张教授对我的认可与肯定。在学习和研究了认知教学法并将之与其他教学方法对比后，我发现认知法不仅有其独特的优点，同时还存在一定的缺点与不足。您能说说您的看法吗？

张教授：

的确如此。与其他的教学方法相比，认知法有一些鲜明的特点。首先，认知法强调培养学生主动发现问题和积极思维的能力，这是传统外语教学方法的薄弱之处。在外语教学中培养创造性思维和提倡创造性精神，不仅有助于从根本上提高学生的外语水平，而且有利于加强对学生的素质教育，符合社会对复合型人才的要求。同时，认知法认为外语学习必须理解语言规则，语言练习必须有意义，而且还得结合学生的生活实际，这有利于调动学生的学习兴趣和积极性，同时也有助于提高他们外语使用的准确性和得体性。另外，认知法强调在学习语音的同时学习文字，认为学习外语的最佳途径是多种感官的综合运用，只有把声音和文字相结合，才能更好地学习外语。

　　然而，认知法也有一定的不足之处，同样面临其他教学法曾经有过的困境。事实上，认知法的理论基础非常深厚，它依托于当时主流的语言学和心理学理论，而且是有意识地作为听说法的对立面提出来的，无意取代前者的地位。国外一些学者，如理查兹、罗杰斯和拉森-弗里曼等人，在总结语言教学流派的时候，甚至没有将认知法专章单独列出。在世界范围内，至今还没有一本具有影响力的、能充分体现认知教学法原则的外语教材。有人在论述认知法的这种尴尬境地时，认为它企图在各种教学法流派之间搞平衡，试图面面俱到，结果由于特点不鲜明，反而失去了自身的优势。

赵老师：

　　张教授，既然认知法存在一定的不足，并且面临着困境，您能具体分析一下是什么原因使它陷入这种尴尬境地的吗？

张教授：

　　认知法今天的困境，要从内外两方面来看。就认知法自身的理论基础而言，人们往往只注意到生成语言学和认知心理学的主流地位，却没有考虑它们是否真正像结构主义语言学和行为主义心理学那样，给语言教学实践提供了实质性的支持。此外，在结构主义一统天下的时代，人们的语言观几近一致，即认为语言是一个结构系统，而且几乎是一个封闭的系统。然而时至今日，语言的多重属性的特点，已经被越来越多的人认识到。语言的定义，可分为四大类，即分别强调语言的自然属性、语言的社会属性、人类自身的生物属性以及人类的历史文化属性。因此，人类的语言应该同时具备结构性、交际性、认知性等诸多特点。所以单一的学派就往往无法避免自身的某些缺陷，认知法也不例外。

赵老师：

张教授，感谢您的分析。我还有一个问题。正如您之前所说的，认知法因为特点不够鲜明而被认为接近于传统的语法翻译法，那么它是否就是语法翻译法的重复呢？

张教授：

认知法来源于语法翻译法，但却不是它的简单重复，而是有所发展与提高的。认知法与语法翻译法的共同之处在于，两者都强调语法的学习；不同之处在于，认知法强调理解，强调学习者的自主探索和发现，强调有意义的学习和操练，不像语法翻译法那样直接讲解语言知识和举例。认知法认为，语言教学教授的是语言本身，要让学生理解语言的规则或外语材料的意义、构成和用法，然后自己再去进行发现式学习，通过大量的操练，正确运用外语。

赵老师：

张教授，您怎么评价认知法在当今外语教学中的意义？

张教授：

语言学习从本质上讲是一个认知活动。从这种意义上讲，认知法切中了语言学习的核心要素。我们应该看到，在认知法提出之时，认知心理学才刚刚起步，学术界对人类认知过程的理解还不够深入，所以认知法在指导具体的语言教学实践时，才会出现上面我们谈到的尴尬境况。但在认知法提出近半个世纪的今天，我们对人类语言认知规律的认识已经有了质的飞跃，特别是二语习得研究中对人类语言理解、表达以及认知过程中记忆、注意、存储、提取等认知机制的深入研究，更加深化了我们对认知在语言学习过程中所扮演的重要角色的认识。一些新的教学方法和理念，如基于任务的教学法、输出假说、互动假说等，就是基于我们对语言学习认知机制的充分认识才提出来的。

赵老师：

谢谢张教授，您的解答对我进一步理解认知法很有帮助。

阅读与思考：

- 认知法有哪些优点？如何把这些优点更好地运用到教学之中？
- 认知法在哪些方面"更新"或"升级"了语法翻译法？
- 你怎样认识和理解认知法所面临的尴尬境地？你有什么好的意见与建议吗？

延伸阅读：

Larsen-Freeman, D. 2000. *Techniques and Principles in Language Teaching (Second edition)* [M]. Oxford: Oxford University Press.

Richards, J. C. & T. S. Rodgers. 2001. *Approaches and Methods in Language Teaching (Second edition)* [M]. Cambridge: Cambridge University Press.

Vovk, Y. I. 2012. Cognitive approach to language teaching: Ways of knowledge presentation [J]. *European Researcher*, 35(11): 2056–2059.

束定芳，庄智象. 1996. 现代外语教学：理论、实践与方法 [M]. 上海：上海外语教育出版社.

王骏，李丹. 2007. 论外语教学认知法的困境与出路 [J]. 西安外国语大学学报，4: 48–51.

章兼中. 1983. 国外外语教学法主要流派 [M]. 上海：华东师范大学出版社.

第六章　全身反应法

通过本章学习，你将能够：

- 了解全身反应法教学思想发展的社会历史背景
- 了解全身反应法的理论基础、教学方法和教学思想
- 正确认识和评价全身反应法在教学思想发展史上的地位

第一节　方法概述

全身反应法（Total Physical Response，简称TPR），是美国加利福尼亚州圣何塞州立大学心理学教授詹姆斯·阿舍（James Asher）于20世纪60年代提出的教学法，为外语教学法中一个重要的流派。它是建立在言语和行为协调一致的理念之上的语言教学方法，倡导把语言和行为联系起来，主要通过身体活动来教授语言。全身反应法主要依据大脑两半球的不同功能（即右脑主司形象思维，左脑主司逻辑思维），强调在形象思维的基础上进行逻辑思维的发展。具体而言，就是教师发出指令后，学生通过听觉吸收信息（通过左脑完成），然后再将这些信息用肢体动作表达出来（通过右脑完成）。教学活动可由教师发指令、学生做动作，逐步过渡到学生发指令、学生做动作。在全身反应法中，"教师的作用就像是一出舞台剧的导演，而学生则成了演员"（Asher，1969）。教师可以决定教什么内容，展示什么活动，选择什么辅助材料。阿舍强调，教师的作用应更多地体现在给学生提供学习的机会之上。

从理论上看，全身反应法明显继承了语法翻译法和直接法以来的教学传统。例如，它对动词的重视、对语言理解和身体活动的重视，都可以直接从古安的"动词中心论"以及帕默（H. Palmer）的"通过动作学语言"中找到源头。阿舍认为，大部分语法结构和成千上万的单词都可以通过熟练地使用祈使句来掌握。动词（尤其是祈使句中的动词）是语

言的核心内容，语言学习和使用都应围绕它展开。同时，全身反应法也从发展心理学中汲取营养，认为幼儿学习第二语言的过程与幼儿学习母语的过程相同。阿舍注意到，成人，特别是父母，对幼儿说话时常伴随体态动作。因此，幼儿学习第二语言时也要用身体动作来配合。最后，神经心理学中关于左右脑分工的相关理论以及心理学中的记忆痕迹理论，也给了阿舍重要的启示。

全身反应法秉承以下教学理念及原则：

1. 听力理解领先

阿舍认为，在语言教学初期，应该把培养听力理解能力作为唯一的教学目标。该教学法指出，在第一语言习得过程中，听力理解显然是领先的。尽管儿童母语习得与成人第二语言习得存在重大差别，但语言习得过程中听力理解领先的原则，在这两种情况下都是成立的。因此语言教学要先培养学生的听力理解能力，然后再要求他们进行口语表达。

2. 学生通过身体动作反应来提高理解力

教师有计划地发出指令，并做出相应的动作；学生根据教师的指令，做出预期的身体动作反应；教师通过学生的动作反应，来判断他们的理解力和对语言的感知能力。

3. 主张把词语和句子作为教学的基本单位

全身反应法首先把有意义的词语作为教学的基本单位，据此发出指令。随着学生理解力的增强，教师依次向词组、短语、句子、句群等更大的单位拓展，以期在词语的不断扩展和组合中提高学生的听力理解能力。

4. 强调教学的内容和意义，而非语言形式

全身反应法强调学生的理解力，重视对教师指令的内容和意义的理解，不太注重教师用了何种句型和语言形式。

阅读与思考：

● 全身反应法是在什么社会历史背景下产生的？

● 全身反应法区别于以往教学法的主要特点在哪里？

● 全身反应法的优势和不足主要表现在哪些方面？

第二节　典型课堂

王老师带着一个装满实物教具的小箱子走进教室。学生的座位围着讲台，摆成一个半圆形，中间留足了空间，供教师示范和学生活动之用。[5]

师生互致问候后，王老师开始发布指令，全班同学按照指令一起做动作：stand up, sit down, jump, walk, run, turn, stop, pick up the pencil, touch the table, point to the floor, point to the table。这组动作是热身活动的重要部分。王老师不要求学生跟读，只要求他们静听，并根据指令做出动作反应。

接着，王老师宣布，本节课讲授的内容是学习与打扫房间相关的词汇及表达方法。Today we are going to learn something about house cleaning. Maybe some of you do not love to clean the house, but it's something that we need to do.

王老师一边从教具箱里一件一件取出实物教具，一边说：In order to clean the house, we need a brush, a sponge, a dustcloth, a vacuum cleaner, and a broom. 然后，王老师邀请张敏同学上台按照指令指认物品。

Hi, Zhang Min, I'd like you to point out the vacuum cleaner.

Could you point out the sponge?

Could you point out the brush?

…

就这样，张敏逐渐理解了每个单词所指代的物品。王老师发指令的速度越来越快，张敏同学也随之快速地指认物品。

然后，王老师又让全班同学跟着她的指令，指认摆放的清洁用具。王老师发出语言指令，同时辅以动作。这时，她并不要求学生跟读，只要求他们静听，并根据指令做出动作反应，以便逐渐理解讲授的内容。学生边做动作还边模仿王老师的语言指令。

5　本教学课例根据拉森-弗里曼（2000）改编。

接着，王老师在黑板上画了一幅房间布置的示意图，然后一边拿着桌上的实物，一边说：Now, I'm going to use the sponge to wipe the counter; I'm sweeping the floor with the broom; I'm vacuuming the rug; and I'm dusting the bookshelf. 王老师在说这些句子的同时，还用书、笔、地板、课桌椅等作为辅助工具，在教室里或黑板上的示意图上做示范。

做完示范后，王老师又把一位同学叫到讲台上和她一起做动作，给全班同学示范这些句子的意思。待到大多数同学已经理解了这些句子的意义，王老师又让全班同学起立，跟她一起做动作。

练习数遍之后，王老师再把一些句子连起来发指令，让学生做连续性动作，如：sweep the floor and dust the bookshelf; wipe the counter and vacuum the rug 等。反复操练后，王老师让一位同学模仿她给全班发指令，其他同学按指令做动作；接着又让更多的同学来发指令。如此循环往复，直到大家可以边发出语言指令边做出动作为止。在活动过程中，王老师逐渐在句子主干中添加一些附加成分，增加句子的复杂度，如：sweep the floor quickly and vacuum the rug carefully；并适时让一些学生模仿她，给另外一些同学发出做复杂动作的指令，如：Xiao Huan, tell Zheng Wei to stop sweeping the floor and begin to wash the dishes.

接下来，王老师让八位学生走上讲台，每人手里拿一张纸，每张纸上写了一个英语单词：

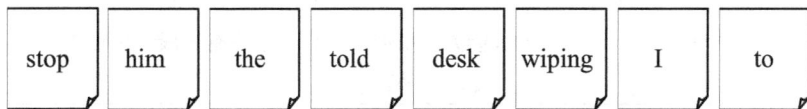

| stop | him | the | told | desk | wiping | I | to |

王老师让讲台上的学生拿着自己的"单词"，面向全班同学，让他们看看这些单词能否组成一个句子。然后，王老师让台下一名同学给台上的同学发指令：

Zhang Min, please stand on the left. Li Ying, please stand on the left. Xiao Huan, please stand next to Zhang Min. No, no, you should stand on the right side of Zhang Min...

就这样，经过台下同学的反复提示，台上的同学终于成功地将手上拿的单词组成了一个完整的句子。

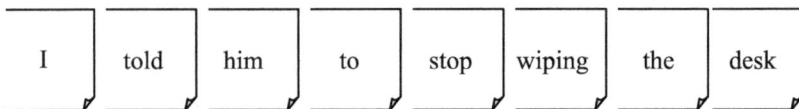

| I | told | him | to | stop | wiping | the | desk |

下课时间到了，王老师发出了这节课的最后一道指令：Now everybody, read this sentence aloud, please.

第三节　案例解析

课堂教学实践	TPR 的教学理念和原则
王老师带着一个装满实物教具的小箱子走进教室。学生的座位围着讲台，摆成一个半圆形，教室中间留足了空间，以供教师示范和学生活动之用。	TPR 以直观性教学和身体语言的运用见长，所以教室的课桌椅摆放与传统的课堂有所不同，而且教室里也要预留较大的空间，以便于学生做各种活动。
王老师开始发布指令，全班同学按照指令一起做动作。	"指令—动作"是 TPR 教学法的基本模式。TPR 认为目的语的意义通常可以通过动作表现出来，这样能够充分激发右脑的学习潜能。
王老师不要求学生跟读，只要求他们静听，并根据指令做出动作反应。	TPR 秉承"先理解，后表达"的教学理念，在让学生学会表达句子之前，先提高他们的理解能力。所以，它允许学生有一段"只输入，不输出"的沉默期。
王老师边说边从教具箱里一件一件取出实物教具，然后邀请一名学生上台，按照她的指令指认物品。	TPR 的优势在于直观和形象。为了配合肢体语言，教师常常需要准备一些直观教具，如实物教具或者挂图。指认也是 TPR 经常使用的教学手段，旨在建立单词与所指实物之间的联系。
王老师发指令的速度越来越快，张敏同学也随之快速地指认物品。	操练的目的在于尽快完成从语言运用的准确性到流利性的过渡。所以，教师应适时加快呈现及操练的速度，这样学生语言运用的流畅性也会得到相应的提高。

（续表）

课堂教学实践	TPR 的教学理念和原则
王老师把一些句子连起来发指令，让学生做连续性动作，如：sweep the floor and dust the bookshelf; wipe the counter and vacuum the rug 等。	指令语和祈使句是 TPR 课堂上最常用的语言形式。在学生对最基本的祈使句熟悉之后，教师会适时过渡到其他更复杂的句子结构。
在活动过程中，王老师逐渐在句子主干中添加一些附加成分，增加句子的复杂度。	在基础结构中增加新的成分，或进行不同句式的变换，可以帮助学生感受和掌握目的语由词组句的一般规律；同时也可以增加训练的新奇性，保持学生操练和学习的兴趣。
王老师让讲台上的学生拿着自己的"单词"，面向全班同学，让他们看看这些单词能否组成一个句子。	这是 TPR 教学的一个常见的变式，适合于比较复杂的句子结构的学习和操练。

第四节　理论链接

理论链接之一：心理学中的"记忆痕迹"理论

心理学中的"记忆痕迹"是卡托纳（G. Katona）在 20 世纪 40 年代提出的观点（Katona，1940）。该理论认为，记忆越是经常和强烈，联想和回忆就越容易；记忆联系的追踪频率及强度越大，记忆联系也就越强。全身反应法中复杂的指令都是建立在较简单的指令基础之上的，语言学习者随着对句子理解程度的加深，所理解的句子会越来越多，对以前所学指令的追踪频率和强度就会越来越大，回忆起以前所学的东西也就越来越容易。回忆可以通过口头完成，也可以与肢体活动联系起来完成。结合记忆痕迹的活动，例如，伴随着肢体动作的动词练习，可以提高回忆成功的可能性。阿舍认为，从发展心理学的角度出发，成年人第二语言习得与小孩母语习得的过程相似。针对小孩的语言大多是命令句，小孩一般先用身体进行反应，而后再用语言进行反应，所以，成年人应该学习小孩习得母语的方式。

理论链接之二：左右脑分工理论

美国心理生物学家斯佩里（R. Sperry）进行的割裂脑实验证实，左脑是语言的，可以自我表达；右脑是非语言的、沉默的，但在听到目的语的指令后，能够通过适当的动作来表达对语言的理解（Sperry，1968）。在此基础上，阿舍提出假设：婴儿是在右脑里完成对语言的理解的。当照看婴儿的人发出的口头指令引起婴儿行为的变化，或者婴儿在观察了其他人的行为变化时，婴儿就完成了对语言的理解。在此过程中，婴儿的左脑尚不能支配说话，但是在他（她）观察语言引起行为变化的过程中，左脑慢慢就有了说话的企图。同时他（她）也渐渐意识到，通过说话，可以引起事件的发生，慢慢就学会说话了。当婴儿渐渐长大，到了学习第二语言之时，这种左右脑的分工仍在发挥作用。所以阿舍认为，第二语言习得的最优起点是通过右脑以形象思维的方式进入陌生语言，激活左脑的语言学习功能，充分发挥左右脑各自的优势，通过二者的协同工作来达到语言学习和处理的最优化。阿舍认为全身反应是靠人的右脑完成的，但外语学习多半靠人的左脑。通过观察小孩的语言学习可以看出，当语言信号发出时，右脑首先让小孩出现身体反应，在右脑的学习达到一定量的基础上，左脑被激发产生语言的最终输出。成人学习语言的过程也是如此。

此外，全身反应法还汲取了人文主义心理学关于情感因素的理论，认为师生间良好的情感交流，可以减轻学生的心理负担，创造愉快的学习氛围。阿舍提出的全身反应法强调理解先于开口，在学生未做好准备之前，不能强迫他们进行语言输出；在学生进行语言输出时，对其犯的错误也往往采取比较宽容的态度。课堂上采取"听—做"的组织形式，带有一定的游戏性质，可以减轻学生的心理负担和压力。焦虑感降低之后，学生普遍就会比较自由地通过动作表达自己，克服羞怯心理，通过无压力的学习，提高学习效率。

第五节　对话交流

在课堂实践中，王老师对全身反应法很感兴趣，也希望能在教学中更加娴熟地运用此法，为此她特地访问了语言教学专家刘教授，共同探讨一些与全身反应法有关的问题。

王老师：

刘教授，您认为运用全身反应法进行教学，应该遵循哪些主要原则和理念呢？

刘教授：

首先，就像你在那节全身反应法探索课上所展示的那样，全身反应法首先应该发展学生的听力理解能力，在此基础上，再逐步发展他们的语言表达能力。只有输入了充分的可被理解的"听"力内容，才能自然地过渡到"说"。听说两种技能的训练同时进行，只会给学生造成压力，而且，如果学生还没有做好"说"的准备，就很容易犯错。其次，全身反应是发展理解能力的关键，目的是让学生用动作来表明他们对所学语言的理解程度。指令是基本的交际，教师在发出指令并请学生执行的过程中介绍了新词汇。英语中大多数语法结构和数以百计的词汇，教师都可通过熟练的指令来教授。再次，教师允许学生在做好准备的情况下发言，但并不强迫学生发言。学生在听到并理解了所学的词汇并将其在认知结构中内化之后，就产生了一个说话的待发点。待到他们听熟了，有了说话的要求，自然就开口说话了。如果强迫学生说话，反而会引起他们的大脑对外来信息的抵制。在这一点上，全身反应法与同时期的沉默法颇为相似。

王老师：

了解全身反应法的基本原则以后，再在教学中加以运用，就能发现它的利弊了。

刘教授：

是的，同其他教学方法一样，全身反应法也有自身的优势和不足。它的主要优势在于：

首先，它能通过直观形象的动作，抓住学生的注意力，吸引学生参加活动，让他们在身临其境的体验中学习英语。其教学的重点在于帮助学生理解英语，用英语交流。这有利于营造良好的课堂氛围，降低学生的紧张情绪，使学生在无压力的情况下学习第二语言。

其次，它能够提供与实际生活紧密相联的学习环境，使学生在多种多样的活动中、在循环反复的练习中学习英语。如跑（run）、走（walk）、跳（jump）等，这些都是英语中使用频率很高的动词。用这样的方式学习，从眼神、动作到声音等信息，都会在脑海里存储起来，很难忘记，这也有利于培养学生的学习兴趣，调动学生的学习积极性。

再次，TPR又被称为"让语言动起来"的教学法，适合任何一种语言的教授。在TPR课堂上，教师给学生提供了最佳接触语言的机会，通过表情、眼神、噪音等丰富的肢体语言，让学生感受到信任和友爱。在这种轻松、舒心的氛围中，学生学习的积极性无形中会提高，教师自然也乐于传道、授业、解惑。

最后，TPR也并非完美无缺。例如，如果教师的肢体语言运用不当，就会造成学生理解的困难。再者，因为TPR要求用肢体作为教学的主要媒介，适宜的动词和表达也相当有限。另外，TPR的适用人群偏向于活泼好动的儿童，对于成人来说，效果就大打折扣了。

王老师：

是的，全身反应法有其自身的特点，那么我们在英语教学中应该如何运用，以便充分发挥其优势呢？

刘教授：

首先，全身反应法特别强调理解先于输出。也就是说，学生不是单纯地学习语言，而是把教师的语言与动作结合后，充分明白语言的意义，从而进行语言的输出。所以，教师对学生"说"的教学，应建立在学生对内容充分理解的基础之上，顺序不能颠倒。从教师发出语言，到学生接收语言，这中间还经历了其他过程，比如，肢体语言和认知理解的过程。教师在教授语言的过程中注重肢体语言的阐释作用以及学生的理解能力，故而并不特别强调语言的形式。

其次，全身反应法是一种快乐教学法，教师应尽量减少学生的心理压力，寓教于乐。在使用全身反应法教授英语时，教师应提高自身的语言素养，找到一些恰当的词语和句子，借助肢体语言传达意思，而且还要注重语言和肢体的协调性，适当引导学生，强化重难点，特别要创造一种活跃和互动的课堂氛围，让学生找到学习的乐趣，在愉悦的体验中不断提高英语水平及语言鉴赏力。全身反应法就是这样一种教学特点突出、效果明显的第二语言教学法。

值得注意的是，全身反应法多适合学习第二语言的儿童和初学者，内容也多以一些简单和基本的表达方式为宜。当然，此法也可用于教师和高级阶段的学习者，但是抽象的词语和句子很难用肢体表现出来，所以它还存在一定的局限，有待教师做进一步的探索和实践。

王老师：

有人对全身反应法提出了批评，认为它不是一套完整的方法。您怎么看待这种教学方法？

刘教授：

的确有人对它提出了批评，认为这种教学法不是一套完整的方法，不像听说法和认知法那样有坚实而系统的理论基础，产生的影响也没有其他流派深远。但我认为，学习语言不是为了学习一个"系统"，语言教学法追求的目标也不应该是系统的完整性。任何一种教学方法，其最终目的都是帮助学生学会并运用一种语言。在这一点上，全身反应法为我们做了榜样，给人们提供了一种少强迫性、轻松获得理解性技能的途径，恰当地强调了交际技能的自然习得。全身反应法又被称为"让语言动起来"的教学法，在情感方面吸引了许多学生，营造了热烈的课堂气氛，有利于学生创造性地尝试。

教师在使用全身反应法时要灵活多变，合零为整，适当与其他方法相结合。该方法在创立之初确实是作为一种辅助教学方法而存在的，只有与其他的教学方法有效地结合，才能更好地完成教学任务，使用此法时一定要谨记这一点。

王老师：

谢谢刘教授的耐心讲解！

延伸阅读：

Asher, J. J. 1993. *Learning Another Language Through Actions* (*Fourth edition*) [M]. Los Gatos, CA: Sky Oaks Productions, Inc.

Richards, J. C. & T. S. Rodgers. 2001. *Approaches and Methods in Language Teaching* (*Second edition*) [M]. Cambridge: Cambridge University Press.

梁三云. 2005. 全身反应教学法介评 [J]. 扬州职业大学学报，2: 60–62.

马俊明. 2002. 对 TPR 的一些反思 [J]. 基础教育外语教学研究，9: 15–17.

（日）佐能正雪. 1989. 如何将全身反应法纳入外语教学 [J]. 熊学亮译. 国外外语教学，1: 35–40.

第七章 交际法

通过本章学习，你将能够：
- 了解交际外语教学思想发展的社会历史背景
- 理解交际法的理论基础、核心概念和教学理念
- 初步掌握交际法的课堂教学过程和操作步骤
- 正确认识和评价交际法在教学思想发展史上的地位

第一节 方法概述

交际法是 20 世纪最具影响力的教学方法之一，于 70 年代初发端于欧洲，前身为同样产生于欧洲的功能意念法。当时，欧洲各国从二战的创伤中复苏，社会经济发展进入空前繁荣的阶段，有着巨大潜力的劳动力市场吸引着成千上万人（多为原殖民地居民）去欧洲寻找工作机会。如何按其职业特长对这些人进行语言培训便成为当时亟待解决的问题。同时，随着欧共体成员国之间的交往日趋频繁，培养高层次外语专门人才也成了当务之急。而当时盛行于欧洲的情境外语教学法已经无法满足社会对外语人才提出的新要求。在此背景下，欧共体下设的文化合作委员会聘请各方面专家，设计适合时代要求的大纲和教材。这些专家从当时盛行于欧洲的功能主义语言学和社会语言学等相关理论中得到启示，独辟蹊径，尝试与传统方法迥异的语言教学理论与方法。

以下著述和文件在交际法的产生和发展史上具有里程碑意义：

1. 1972 年，社会语言学家海姆斯发表了《论交际能力》一文，质疑乔姆斯基提出的语言能力概念。他认为语言能力不应仅限于一个人的语法知识，还应包含一个人语言使用的得体性等因素，即在实际言语交际情境中对潜在语言知识和能力的运用。这一概念成为交际法的重要理论依据。

2. 1976 年，威尔金斯（D. A. Wilkins）执笔完成了《意念大纲》一书。这个大纲一反传统大纲中以语言形式（即语法项目）为纲的一贯做法，转而根据语言的意义范畴来安排语言学习。

3. 1978 年，芒比（J. Munby）发表了《交际大纲设计》一书。该书以社会语言学的观点为依据，从分析"交际能力"这一概念的内涵入手，充分考虑了社会文化等环境因素对语言实际使用的影响和制约，从社会文化倾向、社会语义基础、篇章操作水平三个层面建立了一个具有操作性的大纲设计模式。

4. 1978 年，威多森（H. G. Widdowson）出版了《语言教学交际法》一书，对困扰当时交际语言教学的几对矛盾，如用法和使用、语言技能和交际能力、字面意义和实际价值等，从理论上进行深刻透辟的分析，使越来越多从事普通教育的外语教师接受了交际教学思想，把交际法成功地从职业培训移植到学校课堂，为交际教学法奠定了坚实的理论基础。

5. 1980 年，卡纳尔、斯温（M. Canale & M. Swain）在 *Applied Linguistics* 创刊号上发表长篇论文，进一步厘清了交际能力的概念，提出了交际能力的构建模式。根据该模式，交际能力由四个方面构成：（1）语法能力，即语音、词汇和语法等知识；（2）社会语言能力，即一个人在一定的社会情景下得体使用语言的能力；（3）语篇能力，即组句成篇的能力；（4）策略能力，也叫补偿能力，即运用语言或非语言手段达到交际目的的能力。他们的交际能力构建模式对于交际法乃至以后的外语教学方法都产生了深远的影响。

与以往的教学方法相比，交际法最显著的特点是以语言的功能项目为纲，以学生的交际需求为出发点，以教学过程的交际化为主要特征，以培养学生的言语交际能力为主要目的。我们知道，语言具有形式和意义双重属性。交际法之前的教学方法，如语法翻译法、听说法、认知法等，都是在分析语言形式的基础之上衍生出来的。交际法问世之后，语言教学专家和语言教师发现了另一种分析语言的角度，即从语言的意义、功能、意念等范畴入手，来组织语言学习材料，设计语言教学活动。换言之，交际法不是按照名词、动词、形容词等语法范畴来安排教学内容，而是按照询问、请求、邀请、同意等语言功能为主线来组织教学内容的，并在教学材料和教学活动的安排上尽量体现"话题—功能—结构"三者的有机统一，借此培养学生在真实情境中的语言交际能力。

纵观语言教学史，交际法的出现具有里程碑意义。虽然形式和功能是语言属性的两面，但直至交际法出现后，语言功能在语言教学界的地位才真正得到认可。同时，交际法的影响远远超出这一教学方法本身，已经发展为一个完整的语言教学体系，与之同时出现的是一个语言教学方法群（如沉默法、群体学习法、暗示法、自然法等）。而 20 世纪 90 年代后出现的一些重要的语言教学法流派，在一定程度上都是对交际教学思想的继承和发展。

阅读与思考：

- 交际法是在什么社会历史背景下产生的？
- 根据以上介绍，列举 3–5 个交际法教学的核心概念，并根据自己的理解加以解释。
- 与以往的教学方法相比，交际法最显著的特点是什么？

第二节　典型课堂

方老师走进教室，向全班同学问好。与传统的行列分明、整齐划一的"秧田式"座位排列不同，该班学生的座位围成一个类似马蹄形的半圆。

上课伊始，方老师组织了一个两人结对活动，并发给学生角色指令卡片。扮演 A 角色和扮演 B 角色的学生拿到的信息是不同的。

Student A:

You meet B in the street.

A: Greet B.

B:

A: Ask B where he is going.

B:

A: Suggest somewhere to go together.

B:

Student B:

You meet A in the street.

A:

B: Greet A.

A:

B: Say you are going for a walk.

A:

B: Reject A's suggestion. Make a different suggestion.

A:

B: Express pleasure.

结对活动结束后，方老师让几对同学展示他们的对话，总结并补充英语中"给建议"的表达方法：

➤ Perhaps we could...

➤ Let's...

➤ Why not...?

➤ If I were you, I'd...

➤ Don't you think it's a good idea to...?

> I think we should...

接下来，方老师播放一段录音材料，播放之前先说明这段材料选自广播电台的一档名为"Give me your hand"的心理咨询节目。方老师让大家注意听，看看向电台写信求助的小明到底遇到了什么问题（这是一个性格内向、不太合群的学生，他写求助信的目的是希望电台能给他一些交友方面的建议和忠告）。然后，方老师让全班同学讨论小明的问题，并给他提一些有关交友的建议或忠告。方老师把学生分为四人一组的小组，同前面的活动一样，每位同学也都拿到了一张指令卡，上面具体说明他们在小组活动中的角色及任务：

Student A:

You've recently had a sleeping problem: you either find it hard to go to sleep at night or sleep too much. You are going to talk about your problem with your group members and ask for some advice or suggestions.

Students B & C:

After listening to Student A talking about his/her problem, you are going to give him/her some advice or suggestions. Please use the sentence patterns of giving advice/suggestions you've learned.

Student D:

Your job is to take down what the other three students have said in the group work and report to the whole class the advice and suggestions you've given to Student A. You are expected to use the sentence patterns of giving advice/suggestions.

然后，方老师又创设了一个情景，以便让学生在更加真实的社会语境中运用所学的功能句式。这第二个活动就是学校最近得到 10 万元捐款，方老师让学生分为四个大组，分别扮演校长、教师、学生和家长，就如何使用这 10 万元给出建议预算方案。学生在活动中应尽量使用英语中给出建议或忠告的表达方法。

在学生参与以上两个活动的时候，方老师在教室里巡视，帮助每组学生领会活动意图，必要时给予指导，有时也会参与到活动之中。在各组汇报或展示活动成果的时候，方老师仔细倾听，很少中途打断，但在他们遇到困难时，则给予语言上的指点和帮助。学生发言结束后，方老师对各个小组的表现给予评价，尤其是对大家就本课的核心内容——如何给建议或忠告——的掌握情况，做了细致的点评和总结。

最后，方老师给学生留了作业，要求他们以"Give me your hand"节目编辑的身份，给小明或班上的任何一位同学写回信，就如何解决他们在学习或生活方面的问题给出建议，并在下一节课上"播出"回信内容。

阅读与思考：

- 这个课堂案例与你对交际法的理解有何异同？最大的不同体现在哪些方面？
- "秧田式"和"马蹄形"座位排列方式在语言教学课堂上分别具有什么优势？
- 如果方老师不用角色指令卡，而直接用口头指令，会产生什么样的课堂教学效果？
- 这个案例中列出了若干口头交际中给建议或忠告的表达方式，你还能补充一些吗？请尝试列出 3-5 个表示请求、同意或可能性等的表达方式。
- 比起前面介绍的一些方法，交际法给教师带来了哪些新的挑战？

第三节　案例解析

方老师在上述课例中，运用了一些交际语言教学的理念和原则。下面我们结合方老师的教学实践，具体解释这些理念和原则。

课堂教学实践	交际法的理念和原则
与传统的行列分明、整齐划一的"秧田式"座位排列不同，该班学生的座位围成一个类似马蹄形的半圆。	交际法的课堂模拟真实的交际语境。而在真实的语境中，交际双方的面部表情和身体语言也是言语交际的重要组成部分。"马蹄形"或小组围坐的座位排列方式有助于学生综合言语信息、面部表情和动作姿势等非言语信息，同时有助于学生之间的言语理解和互动交流，也使得课堂更接近真实的语言交际环境。
上课伊始，方老师组织了一个两人结对活动，并发给学生角色指令卡片。扮演 A 角色和扮演 B 角色的学生拿到的信息是不同的。	"信息差"（information gap）指的是交际双方所拥有的信息不相同、不对称。这样，双方通过交际手段交换信息，填补空白，从而完成交际任务。如果没有"信息差"，交际就缺少动力和意义，因此"信息差"是有效交际的前提。因为成员的活动任务要求不一，所以教师常常使用角色指令卡这一辅助工具，确保把指令及时、准确地传达到每位学生，保证交际语言教学活动有效、有序地开展。
结对活动结束后，方老师让几对同学展示他们的对话，总结并补充英语中"给建议"的表达方法。	语言功能这个概念是理解交际法的理念和原则的一把钥匙。以往的教学方法都是把语言看作一个符号系统，主张从语言结构的角度来组织教学材料，设计教学活动。而交际法则把语言看作交际工具，以语言功能和意义为主要线索来设计和组织教学。其实，交际法的前身就是盛行于欧洲大陆的功能意念法。
在播放听力内容之前，方老师说明这段材料选自广播电台的一档名为"Give me your hand"的心理咨询节目。	"真实性"是交际语言教学提出的另一个重要理念。真实性材料指的是在交际中产生的语言材料，而非为教学目标特别撰写的人工材料。真实性材料为学习者提供了体验真实语言的机会，有人还在这个概念的基础上提出了情景真实性、任务真实性等概念，其共同点就是让学生在课堂学习过程中获得真实的语言使用体验。

（续表）

课堂教学实践	交际法的理念和原则
在学生参与以上两个活动的时候，方老师在教室里巡视，帮助每组学生领会活动意图，必要时给予指导，有时也会参与到活动之中。	在交际课堂上，教师的角色也趋于多元，"授业解惑"的传统角色被淡化和解构。教师不再是传统意义上的"知识传播者"，而是学习上的帮助者。在以学生为中心的交际课堂上，教师扮演着多重角色，如控制者、评估者、组织者、提示者、参与者、资源提供者和引导者。可见，在交际性课堂教学中，教师应根据需要调整自己的角色。
在各组汇报或展示活动成果的时候，方老师仔细倾听，很少中途打断，但在他们遇到困难时，则给予语言上的指点和帮助。	以前的教学方法和流派都把语言的准确性作为衡量学生语言产出的唯一标准，而交际法则把语言的流利性、意义相关性和得体性作为重要的考量指标。所以，交际法对待学生的语言错误，特别是准确性方面的错误，采取了相对宽容的态度。同时，交际法还认为语言错误是不可避免的，随着学习者语言水平的不断提高，他们自然就会注意到自己的错误，并在使用语言的过程中加以改正。教师应该鼓励学生完整地表达自己的交际意图，纠错不应该以中断学生的言语交际为代价。

阅读与思考：

- 通过上述解析，你对交际法有哪些新的认识？
- 这个解析澄清了你对交际法的哪些误解或困惑？你还有哪些新的困惑？

第四节　理论链接

　　同听说法一样，交际法也是由政府机构组织外语教学相关领域的专家"设计"出来的一种教学方法，从一开始就根植于当时最新的语言学及心理学理论的土壤之中，并在发展过程中不断丰富其理论体系。其中，功能主义语言学、社会语言学、话语分析理论以及人本主义心理学构成了交际法的理论核心。

交际法产生与发展的时期，正是语言学研究空前繁荣的时期。现代语言学以及交叉边缘科学的迅速发展为交际教学思想的形成奠定了坚实的基础。交际法直接的理论动因是兴起于 20 世纪 60 年代的面向语言实际使用（而非语言结构）的广义功能主义语言学，包括系统功能语法、社会语言学、语用学、篇章分析理论及跨文化交际学等。与形式主义语言学不同，功能主义语言学的兴起使得我们可以突破语言系统和句子结构本身的局限，从更广泛的视角来考察语言形式之外诸因素的互动关系，考察语言的使用和社会功能以及语言使用的社会环境和文化背景。这些理论反映在教学上就是：交际是人类自然语言最根本的功能，语言学习不仅应该重视结构、规则、形式，更应该强调语言的社会功能以及学习者的交际需求；学生不仅应该学习必要的语言知识，更应该学会如何正确地使用语言；语言教学不应以句子而应以篇章（即一个完整意义的表达）为基本单位；语言学习实际上也是一个跨文化体验的过程等等。这些成果构成了交际语言教学思想的核心（武和平，1999）。

理论链接之一：形式主义语言学 vs 功能主义语言学

20 世纪初，瑞士语言学家索绪尔开创了现代语言学研究的先河。可以说，此后整个 20 世纪的语言学研究都是在索绪尔的结构主义旗帜下进行的。结构主义语言学认为，语言的结构分析与语言的交际功能无关。索绪尔对语言（langue）和言语（parole）加以区分，认为语言是符号系统，言语是这套系统在特定场合下的实际应用。他明确指出，语言学研究的目标应该是语言（结构）而不是言语（运用）。后来，以美国描写与结构主义语言学和生成语言学为代表的西方主流语言学承袭了这一传统。

值得注意的是，在以形式主义语言学研究为主流的 20 世纪，世界语言学的基本格局中还贯穿着另一条主线，那就是形式主义语言学与功能主义语言学的对立。功能主义语言学也是关于语言系统而非实际语言行为的理论，只不过它强调的是对语言信息传递功能的研究（Halliday，1973）。也就是说，功能主义语言学家主张将语言分析延伸到语言交际功能的分析中去，这种传统可以追溯至 20 世纪 20 年代的布拉格学派。他们对句子中的语序与句子成分信息含量的关系做了研究，对句子中的主题（theme）和述题（rheme）进行了区分。这种观点对后来美国和欧洲大陆的诸多功能主义语言学流派，如韩礼德的系统功能语法（systemic-functional grammar）、切夫（W. Chafe）的法位学（tagmemics）、狄克（S. Dik）的功能语法（functional grammar）等都产生了重要的影响。一般认为，功能主义与形式主义的区别在于两者在考虑语言的结构与功能之间的关系时所采取的观点和立场不同：功能主义认为语言的第一功能是交际，交际功能对语言的结构分析至关重要；而形式主义则认为语言的功能与语言的结构分析无关（Darnell *et al.*, 1998）。

总之，功能主义语言学是继索绪尔之后的欧洲学派理论思想和研究方法的概括。上述几个代表人物的思想及其对语言研究的贡献构成了整个功能主义语言学的思想脉络。形式主义语言学的特点是接受了索绪尔的关于"能指"和"所指"之间任意关系的论断，将语言界定为一个抽象的意义符号系统。与形式主义不同，功能主义语言学选择所指（即意义）为研究对象。由于意义问题主要是语言和世界的关系问题，因此功能主义语言学超越了语言系统的界限，从语言与世界、语言与思维、语言与文化等关系中探求意义的奥秘。与形式主义语言学相比，功能主义语言学的研究更接近语言运用的实际，其理论更具有实际的应用价值，为社会学、文体学、翻译研究、文学批评和语言教学提供了理论基础。

交际法的前身是功能意念教学法，由此可见交际法对功能主义语言学的认同，其最直接的语言学基础就是韩礼德的系统功能主义语言学。韩礼德认为语言是"关于言语行为或话语的描述。只有通过对语言使用的研究，语言的全部功能和构成意义的所有组成部分才能集中在一起"（Halliday，1973）。通过对儿童语言习得的观察，韩礼德总结出语言的七种基本功能：工具、规章、相互关系、个人、启发、想象和描述。其中，工具功能是指人们用请求、建议、命令、警告等语言来使自己或别人做事；描述功能即是使用语言进行信息交流。这两条尤其突出了语言的交际功能。

语言是民族的，而语言的功能却是全人类的。也就是说，语言的功能具有普遍性。因此，不同语言的教学可以有相同的功能大纲。语言教科书中常用的功能项目，如问候、祝贺、打扰、请求、批评、埋怨、劝说等，都包含在韩礼德所说的七大功能之中。因此，韩礼德的语言学理论成为交际法对语言功能进行描写和分类的最重要的理论来源。

理论链接之二：交际能力

交际能力（communicative competence）这个概念是海姆斯在批判乔姆斯基的语言能力（linguistic competence）的基础上建构的。乔姆斯基所说的语言能力是与语言行为相对立的概念，它指的是在理想的情况下本族语人士所具有的语言知识总和。正是凭借这种能力，本族语人士才可以理解和表达合乎语法的句子。海姆斯于1972年在其论文《论交际能力》中指出，语言能力不应仅限于一个人的语法知识，还应包含一个人使用语言的得体性等因素，即在实际言语交际情境中对潜在语言知识和能力的运用。他首先提出了语言交际能力的四个重要参数：1. 形式是否可能，即合法性；2. 实际是否可行，即适合性；3. 实际使用和评估的上下文关系是否合适，即得体性；4. 实际上是否已经完成，即实际操作性。以上四点，除了合法性与"纯"语言能力有关外，其他三点都同语言运用环境中的社会、文化等因素关系密切。海姆斯认为，语言能力只是语言交际能力的一部分（Hymes，1972）。

卡纳尔、斯温在海姆斯的语言交际能力学说的基础上扩展了交际能力的概念，将这一概念由社会语言学领域引入语言教育及测试领域。他们在1980年提出了语言交际模式。该模式由以下四部分组成：1. 语法能力，即掌握语言规则的能力，包括语音、语法和词汇；2. 社会语言能力，即交际者能在不同的社会语言环境中恰当地理解和表达言语的能力；3. 语篇能力，即能根据不同的语言载体（如叙述文、议论文、信件等），把语言形式和语言意义结合起来，组成一定语言篇章的能力；
4. 交际策略能力，即为提高交际效果而有意识地采用各种技能的能力，
包括语言技能和非语言技能（Canale & Swain，1980）。

语言交际能力学说的出现和发展改变了人们对外语教学的传统看
法。在交际法以前，一提到英语教学的内容，人们首先想到的是语法项
目、词汇量、阅读量；而在教学要求方面，只要做到语音语调基本正确、
基本掌握语句结构就是成功的学习者。仿佛学习者学会一些语言结构知
识，就必定能够得心应手地使用该门语言似的。语言交际能力学说应用
于英语教学实践，使人们注意到了语言形式的正确性，更注意到了语言
表达的适宜性。在英语教学中，教师不仅要注重培养学生的语言能力，
还要注重培养学生运用语言进行交际的能力，使他们的语言输出不仅合
乎语法规则，而且贴切得体，符合社交规范。

理论链接之三：语篇分析

语篇分析从 20 世纪 60 年代中期开始成为一个独立的研究领域，
是一门新兴的、独立的学科。在过去的半个世纪里，语篇分析吸收了
包括语言学、符号学、心理学、人类学、社会学和文学等学科的研究
成果，逐渐形成一门致力于研究交际中的语言使用情况并涉及多个学
科的学问。

语篇分析通常又被称为话语分析，是指对超出单句长度的语言段落
进行语言分析。从功能的角度看，语篇分析研究的是交际中的语言。它
涉及的是语言与它使用的情景（即语境）之间的关系。具体而言，交际
中与语言使用相关的问题都属于语篇分析，它主要研究语言和语言使用
的语境之间的关系。

在交际法之前，语言教学最基本的单位是句子，语言训练的目的也
是要保证句子语法的准确性。交际法引入了话语分析的相关成果，细致
地分析了构成人类自然语言交际所必须遵从的语言、社会、文化及心理
制约的基本要素。威多森正是基于语篇分析的理论，提出了使用（use）
和用法（usage）、字面意义（signification）和交际价值（value）等概念。

语篇能力也是交际能力的一个重要组成部分，这种能力是指完整、连贯、自然地用口头或书面的形式理解和表达意思的能力。如果不具备这种能力，交际活动就无法流畅地进行下去。

理论链接之四：人本主义心理学

人本主义心理学兴起于 20 世纪五六十年代的美国，由马斯洛（A. H. Maslow）创立，以罗杰斯为代表，被称为除行为学派和精神分析学派以外心理学上的"第三势力"。人本主义和其他学派最大的不同在于它特别强调人的正面本质和价值，而非集中研究人的问题行为。另外它还强调人的成长和发展，并称之为自我实现。人本主义心理学家大都同意柏拉图和卢梭的理想主义观点，认为人性本善，"恶"是环境影响下的派生现象，因而人是可以通过教育加以改良的，理想社会是可能的（车文博，2003）。

人本主义倡导最大限度地发挥个人潜能以及实现自我价值，其前提是必须建立融洽、和谐的人际关系。受此影响，外语学习者的情感、个性以及学习环境等因素也受到了重视。人本主义是以学生为中心的教学观，把语言学习者看成一个"身体上和认知上，但首先是情感上的存在"（Stevick，1982）。

人本主义心理学对交际法乃至以后的语言教学产生了重大影响。在交际语言教学中，教师改变了全知全能的语言权威形象，转而在课堂上扮演多重角色。这种新型融洽的师生关系有助于创造和谐的语言交际环境。因此，交际法强调以学生为中心，把学生定位为参与者、合作者。交际法认为，首先要分析学生对第二语言的需要，尊重学生的兴趣需要，尊重学生的不同认知方式需要，尊重学生的个体差异，教学内容和教学方法的确定也都必须从学生的需要出发。交际法还认为，学生在言语中出现一些错误是正常的，也是不可避免的，学生所追求的不可能是完美无缺的交际，只能是虽有缺陷但却有效的交际，因此，对学生的语言错误不应苛求。

人本主义心理学实际上是对 20 世纪 70 年代外语教学影响最大的理

论，它不仅为交际法提供了坚实的理论基础，而且还催生了整个交际法方法群。被斯特恩（Stern，1983）列为交际教学途径的沉默法、暗示法及群体学习法等，正是在这种旨在挖掘学生潜能、张扬学生个性的人本主义思想的启发下产生的。例如，借助身体动作、以听为教学基础的全身反应法（详见第六章），就认为教师在课堂上应该创造良好的学习气氛，让学生多听，理解后再说，这样可以降低学生的焦虑，增强其自信心。沉默法要求教师大多数时间保持沉默，自己尽量少说，但要组织学生多进行听、说、读、写操练，以培养其交际能力。该方法认为学习是一种自我创造、开发潜能（知觉、认识、认知、想象、本能、创造力等）的过程。暗示法则通过暗示激发潜力，消除情感顾虑，排除心理障碍，力求把各种无意识因素都调动起来。群体学习法把学生看成"完整的人"，教师不仅要考虑学生的智力，还要理解学生的情感、生理反应、自我保护的本能和学习的欲望之间的关系，帮助学生摆脱困境，建立自信心。这些方法注重人的情感和价值，鼓励挖掘学生自身的潜力，培养学生的主观能动性，调动学生主动参与学习进程，为学生创造宽松、适宜的学习环境。由此可见，人本主义心理学对当时乃至以后的外语教学思想和发展方向产生了非常深远的影响。

阅读与思考：

● 交际法的哪些方法和思想体现了功能主义语言学的理念？

● 谈谈你对"交际能力"概念的理解。

● 列举人本主义心理学的 3-5 个核心概念，并说明如何将这些理念渗透在课堂教学中。

第五节　对话交流

方老师系统地学习了交际法的相关理论，她对这一方法很感兴趣，并在该教学理念的引领下，呈现了一节交际法的教学课例。同时，她对此方法还有些疑问和困惑。带着这些疑问和困惑，她特地访问了语言教学专家刘教授，共同探讨了与交际语言教学相关的一些问题。

方老师：

刘教授，您好！听了您讲的交际法的相关知识，我对这一方法很感兴趣，又查阅了一些资料，并结合自己的体会设计了一个交际法的课例。不知道我的设计是否真正体现了交际法的精神，想听听您的意见。

刘教授：

小方，你的课例我看了。它比较充分地体现了交际法突出语言功能和以学生为中心的主导思想，并在课堂组织形式、教学材料、教学情境的真实性及教师角色等方面，充分体现了交际法的精神和理念，具有较强的课堂操作性和示范性。两个活动分工明确，次序合理。前一个活动属于"功能交际活动"，强调语言表达方式的基本训练；后一个活动属于"社会交际活动"，着重训练学生运用语言进行社交的能力。

方老师：

谢谢刘教授对我的教学课例的认可与肯定。在设计这节课时，我头脑中还有一个困惑，那就是交际法有没有什么普遍的模式，可供我们在教学设计中模仿呢？

刘教授：

就教学模式而言，交际法是个开放的系统，不拘泥于某一种固定的教学模式或课堂操作程序，因此也就没有什么"普遍"的模式。从广义上讲，交际法的模式主要有两种，一种是"交际—交际"式，另一种是"操练—交际"式。前者又被称为强式交际教学模式，是在严格意义上的交际教学思想和方法指导下设计的。这种模式一开始就把学生置于一个交际环境中，让学生根据已有的语言知识和能力进行言语交际，在此过程中发现学生的言语交际困难和问题，分析学生的交际需要，然后有针对性地对之加以巩固和训练，最后再回到交际活动中，来消化和巩固这些语言项目。可以看出，这种模式为学生提供了更多交往及语言操练的机会，并且在培养学生冒险、合作等语言交际所必需的素质方面具有独到的优势。但也不可否认，这种模式如果运用于缺乏足够的语言输入、语言表达能力不强的学生身上，往往事与愿违，不但无助于学生语言能力的提高，还往往使他们陷入一种不知所措的混乱状态。

有鉴于此，有些应用语言学家认识到，语言交际从机械到熟练有一个过程，在开始语言交际活动之前必须让学生有足够的语言输入和主要功能的操练，因此交际语言教学的第二种模式，"操练—交际"式，即弱式交际教学模式，就应运而生了。你的教学设计就采用了这种模式。这一模式有很多变体，其中最著名的要数利特尔伍德（W. Littlewood）的"前交际活动—交际活动"模式及鲍尔斯顿（C. B. Paulston）的 MMC 模式，图示如下：

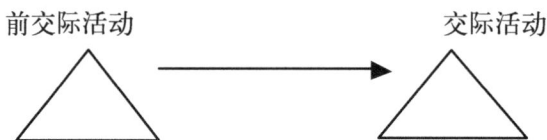

前交际活动 ⟶ 交际活动

句型结构活动 ➤ 准交际活动 ➤ 功能交际活动 ➤ 社会交际活动

利特尔伍德的"前交际活动—交际活动"模式

机械操练（Mechanical）➤ 有意义实践（Meaningful）➤ 交际活动（Communicative）

鲍尔斯顿的 MMC 模式

这两个模式的共同特点就是，在交际活动之前都有句型结构和功能表达方法的前期训练作为铺垫，降低了交际活动的难度，使活动更为顺畅。特别是鲍尔斯顿的 MMC 模式，更是体现了以结构为引导、以意义为中介、以运用为目的的设计思路，具有很强的操作性。

那么，我们在教学中如何运用交际法的这些教学模式呢？我认为有如下几点需要注意：

首先，交际法并不排斥运用其他教学手段，机械操练是交际教学中不可或缺的部分。

其次，交际教学并不恪守某一种固定的模式，而是随着教学对象、教学内容及教学情境的变化而变化，具有一定的灵活性。

再次，使用语言进行交际是外语教学所追求的目标之一，所以无论采取哪种模式，都不能忽略交际活动，交际能力只有在交际活动中才能得到发展。

最后，交际教学模式的选择是一个动态的过程，不同的语言学习阶段需要采用不同的模式。上文提到的弱式交际教学模式比较适合起始阶段的学生，而强式交际教学模式则适合具有一定语言能力的学生。

方老师：

刘教授，有人说交际法采用了淡化语法的策略，您是否同意这个观点？在交际法教学中我们应该怎样讲授和训练语法？

刘教授：

这种说法有它的合理性，但简单地说交际法淡化了语法，是失之偏颇的。因为交际法是建立在功能主义语言学基础上的，所以它是按照语言功能而不是我们以前熟悉的语言形式和结构系统，来分析语言和组织教学材料的。如果我们把语言比作一个西瓜，以前的教学方法都是按照语言形式的维度来切这个"西瓜"的，而交际法则按照功能维度来"切西瓜"。不管采用哪种方式来切，"西瓜"的属性和本质都不会变。现在的问题在于，一线教师大多接受的是传统语法的训练，还没有形成从另外一个角度"切西瓜"的意识和能力。他们熟悉的语法术语，如时态、语态、定语从句，在交际法这里确实淡化了，但语言功能的作用却得到了前所未有的重视和强化。

大家之所以觉得交际法淡化了语法，还有另外一个主要原因，那就是交际法扩大了语言能力的内涵。在以往的教学流派中，语法能力和语言表达的准确性是衡量教学水平的最重要指标（如果不是唯一指标的话）。但交际法培养的是学生的外语交际能力，语言的准确性仅仅是其中的一个考量因素，更重要的还有语言的流利性、复杂性、适切性和得体性等多维指标。

由于上述原因，在交际法的教学中，学生的语法能力不高也就不难理解了，这也是交际法在当时饱受诟病的一个重要原因。很多一线教师认为交际法在培养学生的语言能力方面有所欠缺，而教师极少讲解语法和词汇的做法也让学生感到缺乏系统的学习。同时，过分注重语言的流利性而轻纠错的做法，也会让学生意识不到自己的语法错误，并且他们还会因缺乏及时有效的纠正而重犯这些错误。

方老师：

刘教授，我还有一个问题。有人说交际法是"舶来品"，不符合中国国情。您怎么看？

刘教授：

截至目前，几乎所有的具有全球影响的外语教学流派或方法都是"舶来品"，都是先在西方发达国家形成，逐渐传播到我国及其他国家的，我们基本上还是采取"拿来"的态度。但我国学人也为这一方法的孕育、形成和发展做出了贡献。其实，早在20世纪30年代，我国文学家林语堂先生在编写《开明英文文法》时就是以功能为纲的；80年代，学者李筱菊教授也提出了交际能力的构成模型，引起了全球同行的关注（Li, 1984）。同时，交际法可能是在我国被介绍得最多、争论得最多、实验得最多的方法之一，有些地方现在还在积极探索交际法本土化的实践。

任何一种教学思想，只有和具体的教学情景、教学条件、教学目的及教学对象联系起来，才能焕发出持久的生命力，否则，就只能成为空洞的说教。交际法的教学理念，在以下几个方面，与我国外语教学的实际存在冲突：

一是前面提到的功能主义语言理论还没有被我国大多数教师接受和理解。

　　二是我国的教育传统也存在与交际法相悖的地方。我国学生从小接受的文化思想教育，使他们在行为、性格上大多表现得比较含蓄、内向，主动参与交际的意识不强，在学习上或多或少希望依靠教师，认为教师就是权威，需要通过教师的讲解才能学到更多的东西。

　　三是我国的班级规模也在客观上制约着交际法教学理念的传播与推广。一般情况下，交际法教学理念适合在班级规模比较小的情境中实践，但是我国的班级规模相对较大，六七十人的班级随处可见，上百人的班级也绝非没有。如何组织有效的小组学习和交际活动，也是一个需要探索的问题。你在课例中用到的指令卡，也是保证在大班教学情景下让学生及时准确地理解教师指令、确保交际活动有效进行的很好尝试。

　　最后一个制约交际法本土化的因素就是语言测试的模式。与交际外语教学同步发展的交际外语测试理论，对传统的语言测试理论和模式进行了反思和改革，把外语测试研究的重心从"怎样测"过渡到"测什么"，并进行了大规模的效度研究，设计出了在交际原则指导下的语言测试（如雅思），对 20 世纪 90 年代乃至现在的语言测试都产生了深远影响。我国是一个考试大国，但在测试领域仍然是结构主义测试一统天下的局面，以语言准确性为最主要的考量标准，为语言学习带来很大的负面反拨作用，对学生交际能力的全面发展也极为不利。

方老师：

　　刘教授，您怎么评价交际法？

刘教授：

　　交际法是外语教学史上一个有着重要影响的方法和流派，它具有范式转换的意义。其影响在当时甚至现在都很深远。前面我已提到，交际法实际上是一个方法群，从 20 世纪七八十年代涌现的一批教学方法和流派，如全身反应法、暗示法、群体学习法、全语言教学法等方法中，都能看到交际教学思想的影响。这个世纪之交出现的一些教学法，如基于任务的教学法等，都是在交际法教学理念和原则的基础上发展起来的。这一方法的突出贡献主要体现在以下几个方面：

1. 首次将语言功能的概念引进语言教学，并以此为中心线索来设计教学和组织材料；

2. 注重语言教学中的语境因素和社会文化因素，着眼于学生言语交际能力的培养；

3. 以学生为本，以学生的语言学习需求为出发点，注重学生的情感需求，关注学生的个体学习差异，让学生在和谐、适宜的气氛中学习语言。

交际法自从诞生的那一天起，就与"争议"二字结下了不解之缘，它是在质疑和争议声中成长起来的。其中最多的批评集中在交际法的语法观与语法教学观之上，其功能主义语言观在实际教学过程中操作性不强，语言结构和语言功能之间的矛盾很难协调，导致学生语言表达的准确性普遍下降。这一倾向在后来的外语教学流派和方法中得到了更多关注。

方老师：

谢谢刘教授。

阅读与思考：

● 交际法有哪些教学模式？它们有何异同？

● 交际法与以前的外语教学方法和流派相比有着迥异的语法观与语法教学观，这些差异主要表现在什么地方？对你的语言教学又会产生什么影响？

● 你了解雅思考试吗？这种语言测试在哪些方面体现了交际法的理念和精神？

延伸阅读：

Canale, M. & M. Swain. 1980. Theoretical bases of communicative approaches to second language teaching and testing [J]. *Applied Linguistics*, 1: 1–47.

Littlewood, W. 1981. *Communicative Language Teaching* [M]. Cambridge: Cambridge University Press.

Munby, J. 1978. *Communicative Syllabus Design* [M]. Cambridge: Cambridge University Press.

Paulston, C. B. 1974. Linguistic and communicative competence [J]. *TESOL Quarterly*, 8(4): 347–367.

Widdowson, H. G. 1978. *Teaching Language as Communication* [M]. Oxford: Oxford University Press.

李观仪. 1989. 传统教学法与交际教学法相结合可行乎？——高校英语专业基础阶段英语教学法之我见 [J]. 外语界，1: 3–11, 50.

李筱菊. 1988. 交际英语教程 [M]. 上海：上海外语教育出版社.

武和平. 1999. 交际教学思想的全球化与本土化 [J]. 外语界，2: 2–7, 29.

第八章 基于任务的教学法

通过本章学习，你将能够：

- 了解基于任务的教学法兴起的社会背景和理论背景
- 掌握基于任务的教学法的核心概念、关键理念和理论基础
- 初步掌握基于任务的教学法的课堂实施过程
- 正确认识和评价基于任务的教学法在英语教学思想史上的定位

第一节 方法概述

交际语言教学形成于 20 世纪 70 年代，并发展为具有世界范围影响的语言教学运动。到了 80 年代，交际法出现了很多分支和变体。总体来说，交际语言教学方法的表现形态主要有两种：强式交际法和弱式交际法。前者坚持"通过交际来学"，即"在用中学英语"；后者则坚持"为交际而学 / 教"，即"（要）学会用英语"。两者的主要区别在于如何看待语言使用和语言教学的关系，以及语言知识在语言课堂上的作用等。其中，强式交际观的典型代表是英籍印度语言学家普拉布（N. S. Prabhu），他于 1979–1983 年在印度南部班加罗尔地区指导并实施了"班加罗尔项目"（Bangalore Project），这即是基于任务的教学法的雏形（Beretta & Davies，1985）。

班加罗尔项目的突出特点是强调"在用中学"，采用任务大纲，课堂教学借助活动来组织，而活动又以任务的形式呈现，其基本假设是：当学生的注意力集中在意义上时，语言学习效果最好。1982 年，普拉布向英国文化委员会提交了一份题为"The Communicational Project"的项目报告，引起了许多语言教学研究者的关注。这些研究者认为，班加罗尔项目作为对传统语言教学大纲和以结构为中心的教

学方法的反动，丰富了交际教学的思想和模式。该项目在交际课堂上最常采用三种任务类型——信息差、观点差、推理差。借助这些任务，他们能在课堂上创造出真正有意义的交流互动，使学习者在以任务为指向的交际活动中，更好地表达自我、传递信息、倾听和理解他人。

除了普拉布等人的任务式教学实践探索外，语言学习理论，特别是第二语言习得研究，也为任务型外语教学提供了丰沃的理论土壤。正如基于任务的教学法的倡导者纽南所说，就概念而言，基于任务的教学法受到来自主流教育的发展以及我们有关语言本质和语言学习本质认识变化的双重影响（Nunan，2004）。其中，基于任务的教学法中有关第二语言学习过程的认识，直接来自第二语言习得研究的成果。具体说来，基于任务的教学思想的形成，深受二语习得研究三个假说的影响，即输入假说、互动假说和输出假说。输入假说由加拿大应用语言学家克拉申（S. Krashen）提出，其核心思想是丰富的、可理解性的输入能够促进语言习得的发展。互动假说由迈克尔·朗（Michael Long）于 1983 年提出，致力于研究如何使输入被理解，进而促进语言习得，另外它还认为交互影响和意义协商是促进语言习得的必要条件。而斯温（M. Swain）于 1985 年提出的输出假说则认为，可理解性输出有助于提高学习者语言表达的流畅性和准确性，因而它才是影响语言习得的重要因素。

在此背景之下，基于任务的语言教学法（Task-Based Language Teaching，TBLT）在 20 世纪 80 年代开始兴起，其核心是强调"在做中学"（learning by doing）的语言教学思想。

基于任务的教学法中所谓的任务，简言之，就是"用语言做事情"。在此过程中，学习者始终处于一种积极的、主动的心理状态，任务参与者之间的交际也是一种互动的过程。为了完成任务，学习者以"意义"为中心，尽力调动各种语言和非语言的资源进行"意义"共建，以达到解决某种交际问题的目的。基于任务的语言教学根据学生各不相同的水平，设计和创造出不同的任务化活动，让学生通过与伙伴合作、协商去完成任务。学习过程充满了反思、顿悟和自省，可以最大限度地调动学生的学习内驱力，提高他们发现问题、解决问题的能力，培养他们的认知策略、合作精神和参与意识，并使他们在完成任务的过程中体验成功的喜悦，充分发挥自身的潜能。

基于任务的教学法有四条重要原则：1. 意义是第一位的；2. 课堂任务需要有个明确的目标；3. 活动的成果是可以被检验的；4. 任务应该与真实世界和生活经验相联系。这四条基本原则也是衡量一个课堂活动是否为任务式活动的标准。

1996 年，英国语言学家简·威利斯（J. Willis）发表《任务型学习框架》一书，讨论了任务型语言教学前任务（pre-task）、任务环（task-cycle）和后任务（post-task）三段式教学模式：

前任务：教师引入任务。

任务环：

1. 任务——学生执行任务；

2. 计划——各组学生准备如何向全班反馈任务完成情况；

3. 报告——学生报告任务完成情况；

后任务：

4. 分析——学生分析各组任务完成情况；

5. 操练——学生在教师指导下练习语言难点。

威利斯还对传统的"呈现—练习—运用"教学法（Presentation–Practice–Production，俗称 3P 教学模式）进行了分析。与传统的教学方法相比，基于任务的教学法虽然少了呈现步骤，练习也似乎变得不太重要了，但却突出了表达的环节，这样就增加了学生参与活动的机会。活动越多，学生可理解的输入越多，语言习得也就越多。基于任务的学习以学生为中心，更有利于促使学生主动去探索语言。

斯基汉（Skehan，2003）提倡的语言学习认知法使基于任务的语言教学获得了新的发展，他阐述了这种语言教学的理论依据。斯基汉认为，语言运用的目标有三：流利性、准确性和复杂性。其中，语言的流利性与语言的意义相关。语言的准确性和复杂性则与语言的形式相关。而人类的认知又是一个容量有限的系统，在实际运用中，注重意义往往就意味着无法兼顾形式。所以在语言教学中，教师应该创造机会，通过合理的设计，合理地分配认知资源，让学习者在完成任务的过程中，语言也能得到持续而平衡的发展。

随着语言研究、语言学习研究、二语／外语习得研究的不断深入，基于任务的教学也逐渐从中汲取营养，并日趋成熟；另一方面，基于任务的教学也在建立学生主体课堂、创设接近真实自然的语言环境、加大信息输入、促进语言产出等方面，为学习者提供了交流互动和意义协商的机会。基于任务的教学在培养学生学习自主性、用语言做事情和解决问题能力等方面的潜能和价值，进一步得到语言教学研究领域学者的关注和首肯，因而成为近二十年来最有影响的语言教学流派。《全日制义务教育普通高级中学英语课程标准（实验稿）》（教育部，2001）中明确指出："教师应该避免单纯传授语言知识的教学方法，尽量采用'任务型'的教学途径。"此举促进了基于任务的教学法在我国中小学的广泛推广。在《义务教育英语课程标准（2011 年版）》（教育部，2012）中，教育部又进一步指出："教师要通过创设接近实际生活的各种语境，采用循序渐进的语言实践活动，以及各种强调过程与结果并重的教学途径和方法，如任务型语言教学途径等，培养学生用英语做事情的能力。"

阅读与思考：
- 基于任务的教学法是在何种教学历史背景下提出的？
- 根据以上介绍，与基于任务的教学法的产生有关的核心概念有哪些？
- 基于任务的教学法与以往的教学方法相比，有哪些优势？

第二节　典型课堂

八年级的英语教师王老师走进教室。全班同学如课前安排的那样，根据语言水平的高低，围坐成四个小组。离讲台较近的是水平较低的学生，离讲台较远的是水平较高的学生。[6]

上课了，王老师首先给学生布置了本节课要完成的任务：为班级郊游野餐采购食品和饮料，制定采购预算计划。

接着，王老师给学生展示了几幅图片，让他们说出这些图片的英文单词，并让几位同学按照 Food, Drinks 和 Fruit 三大项对这些图片分类，而后贴到黑板上。然后，王老师带领学生朗读这些单词。

接下来，王老师给每个小组发放完成任务所需的材料、指令卡和任务单。任务材料是一张超市广告宣传单，印有各种食品和饮料的实物图片及单价。不同水平组的学生所拿到的材料内容略有不同。例如，水平较低的小组拿到的超市广告宣传单上不仅有实物图片和单价，还有这些食物和饮料的英文单词。同时，他们活动指令卡上的语言提示也更加详细一些。

活动指令卡上为活动内容及语言提示：

Work in groups of six. Tell your group members what food you would like to buy for the class picnic.

Remember:

● Eat more healthy food.

● Eat more fruit.

● Don't eat too much sweet food.

● Don't eat too much fatty food.

● Don't spend too much money on any individual item.

6　本课例根据网络视频课例改编。访问地址：http://www.tudou.com/programs/view/ JJD-xCnybVU/.

You can use the following sentence patterns:

- Let's buy _____.
- I like _____ because it's/they're tasty/delicious/ yummy...
- Why not have more _____?
- That's a good idea. I like _____, too.
- I don't like _____ because they're/it's too sweet/salty.
- How much is a piece (package, box…) of _____?

任务单是学生在完成任务后需要填写的表格：

Food/Drinks/Fruit	Quantity	How much?
Chicken wings	2 packets	54 dollars

布置完任务后，王老师和其中一组学生示范如何完成任务。

T: I'd like to buy some chicken wings. They are yummy. We are going to buy five packets of deep-fried chicken wings.

S1: I like chicken wings, too.

S2: But they are junk food.

T: Do you think they're junk food? Then let's buy fewer. We are going to buy two packets of deep-fried chicken wings.

各小组开始用语言交流来完成野餐食品采购这一任务。在此过程中，王老师一直在教室里四处走动，仔细倾听大家的发言，支持、鼓励他们尝试用目的语进行交际。如有必要，王老师也会参与到活动之中，帮助学生把要表达的思想组织成语言。

看到所有的小组都快完成任务时，王老师让每个小组选派代表上讲台，汇报他们填好的任务单，向全班展示他们的任务成果。各组同学一起讨论如何汇报，说什么、怎么说，有人提议先写出来，大家围绕用词和句子结构展开讨论，并征求教师的意见。

最后，王老师引导全班同学从语言质量、预算控制以及采购食品的丰富性等维度对他们完成任务的情况进行了评价。

阅读与思考：

● 这个课堂案例与你所理解的传统的 3P 教学模式有何异同？最大的区别在哪个环节？

● 基于任务的教学一般分为任务前、任务中和任务后三个阶段。请尝试将本案例的教学过程划分为这三个阶段。

● 基于任务的教学法给教师带来哪些新的挑战？

第三节　案例解析

课堂教学实践	基于任务的教学的理念及原则
全班同学根据语言水平的高低，围坐成四个小组。离讲台较近的是水平较低的学生，离讲台较远的是水平较高的学生。	同其前身交际语言教学法一样，基于任务的教学法的理论源流之一也是人本主义心理学。尊重学生的个体差异，关注每一位学生的发展，也是基于任务的教学法的指导思想。教师应给予语言水平较低的学生足够的关注和帮助，同时在任务的难易程度以及教学资源等方面也要充分考虑他们的需求。

（续表）

课堂教学实践	基于任务的教学的理念及原则
上课了，王老师首先给学生布置了本节课要完成的任务：为班级郊游野餐采购食品和饮料，制定采购预算计划。	基于任务的教学法的基本特征是以"任务"为核心单位来计划和组织教学。教师在课堂教学过程中要做的首要环节就是呈现任务，"完成任务是首要考虑"，目的是让学生在任务的驱动下学习语言知识和训练技能。这样的学习过程即是任务驱动（task-driven）的过程，它有利于提高学生的学习兴趣，增强学生的学习动力，同时也有利于体现任务的真实性。由于任务明确，学习者专注于"用语言做事情"，就不会去过多关注语言形式了。这也是任务与传统的"练习"或交际法中的"活动"相区别的地方。
接着，王老师向学生展示了几幅图片，让他们说出这些图片的英文单词，并让几位同学按照 Food，Drinks 和 Fruit 三大项对这些图片分类，而后贴到黑板上。	输入是基于任务的教学法的要素之一。但这种教学法同时主张语言输入与输出并重，即语言的输入也应在学习者完成交际任务（即有目的的交际活动）中主动获得，而不应该是单向的知识灌输。
接下来，王老师给各小组发放完成任务所需的材料、指令卡和任务单。任务材料是一张超市广告宣传单，印有各种食品和饮料的实物图片及单价。	基于任务的教学法强调通过丰富而真实的教学资源来创造贴近生活实际的语言交际情境。教师通过各种语料资源可以为学习者及时提供完成交际任务所需的真实语料，而指令卡和任务单等资源则有助于让学生直接了解教师的意图和任务目标，如此可以把教学资源有机地融入到任务活动的过程中。

（续表）

课堂教学实践	基于任务的教学的理念及原则
任务单是学生在完成任务后需要填写的表格。	任务单就是"任务"的具体化，它以一种直观的方式，把学生的注意力吸引到语言任务上来，不仅是学生完成任务的依据，也是教师评价学生任务达成情况的依据。
S2: But they are junk food. T: Do you think they're junk food? Then let's buy fewer. We are going to buy two packets of deep-fried chicken wings.	"意义优先"是基于任务的教学法的一个重要原则。这种教学法认为，教师选择与生活相关的交际任务，能够为学习者创造接近自然的语言学习环境；而在完成任务的过程中，学习者之间的言语互动和意义协商，则能够产生大量的语言输入、输出和验证假设的机会，本身就能或足以推动学习者语言能力的发展。这段师生对话，就体现了他们之间以意义协商为主要特征的言语交际。当学生说出 But they are junk food. 时，王老师没有因循原来的预设，而是及时抓住这个即时生成的交际资源，与学生展开有意义的言语交际。
各组同学一起讨论如何汇报，说什么、怎么说，有人提议先写出来，大家围绕用词和句子结构展开讨论，并征求教师的意见。	该阶段是为即将开始的汇报做准备。基于任务的教学设计坚持"以学习者为中心"的原则，强调教学过程应有利于学习者充分发挥语言运用的主动性和创造性，并要体现出对学习者主体地位的充分重视。学习者的积极参与和主动思考是学习发生的前提。这也有助于他们归纳目的语的规则，逐渐对目的语形成较为系统的认识。
王老师引导全班同学从语言质量、预算控制以及采购食品的丰富性等维度对他们完成任务的情况进行评价。	"意义优先"的原则同时应该贯彻于教学评价阶段。教师不仅应该将评价焦点放在学生输出语言的流利性、准确性和复杂性等方面，还应该关注其意义协商和任务达成的情况。

阅读与思考：

- 通过上述解析，你对基于任务的教学法有哪些新的认识？
- 你对基于任务的教学法的实施过程还有哪些疑惑？

第四节 理论链接

基于任务的教学法的提出是以交际教学的兴起为前奏的，因此构成交际法理论核心的功能主义语言学和人本主义心理学同样也是基于任务的教学法的理论基础。这两种理论在上一章已详细论述，此处不再赘述。

如前所述，基于任务的教学法在形成和发展的过程中，语言学、心理学和语言习得研究都为其增添了丰富的理论养分，这里择其要者，简述如下。

理论链接之一：社会建构理论

建构主义（Constructivism）最早由瑞士认知发展心理学家皮亚杰等人提出，它强调人的因素在学习过程中的核心作用，指出学习者是意义的主动建构者，在学习过程中应发挥主体作用。它重视学习过程，反对现成知识的简单传授。建构主义的基本观点是，学习是一个意义建构的过程，是一个通过新旧经验的相互作用而形成、丰富和调整自己认知结构的过程。一方面，新经验要获得意义，需要以原来的经验为基础，从而融入到原来的经验结构之中；另一方面，新经验的进入又会丰富、调整或改造原有的经验。换言之，建构主义强调意义的双向建构。这一理论随后由利维·维果茨基（Lev Vygotsky）及布鲁纳等人不断丰富和发展。1996 年英国应用语言学家威廉（M. William）和心理语言学家伯登（R. Burden）共同提出了"社会建构主义语言教学模式"（William & Burden，1997）。该理论认为，学习和发展是社会合作活动，而这种活动是无法被教会的。知识是由学习者自主建构的，并非是由他人传递的。这种建构发生在与他人交往的环境中，是社会互动的结果。它主张学习者个人从自身的经验背景出发，建构对客观事物的主观理解，强调经验与知识的双向建构。由于学习是在一定的情境中（即社会文化背景下），借助他人的帮助（即人际间的协作活动）实现意义建构的，因此建构主义学习理论认为"情境""协作""会话"和"意义建构"是学习环境的四大要素或四大属性。学生、教师、任务和情境在知识建构中的作用各不相同，其中，教师主要起中介调节作用，学生起主体作用，任务起枢纽作用，情境起促进作用。

从基于任务的教学法的特征来看，它强调"将增强学习者个人经历作为重要的、促进课堂学习要素的作用"（Nunan，1991），即重视学习者个人经历对学习的促进作用。这与建构主义学习理论所强调的经验与知识双向建构不谋而合。另外，基于任务的教学法的整体特征主要包括：1. 强调以学习者为中心；2. 强调情境和上下文在对语言进行整体和动态认识中的重要性；3. 强调合作学习对学习者的促进作用；4. 强调学习环境的设计。这与建构主义的设计原则有诸多相似之处。

理论链接之二：语言输入、输出和互动假说

输入、输出和互动是语言使用的不同阶段。在过去的几十年里，二语习得研究者分别就三者在语言习得中的作用提出假说，试图解释在语言习得中学习者的内部语言是怎样建构的。克拉申的"输入假说"指出，可理解性输入是二语习得的唯一必要条件，而迈克尔·朗的"互动假说"则认为，学习者在言语交际过程中的互动和意义协商才是语言习得发生的必要条件。斯温的"输出假说"进一步指出，只有二语的输出才能使学习者在词法和句法上有效地加工处理语言。

（一）克拉申的输入假说

"输入假说"（the input hypothesis）是克拉申于 1985 年提出的，是其二语习得理论的核心部分。克拉申认为，理解是使输入成为内化能力的前提，若学习者所接触的语言形式略高于其现有水平，该语言形式就

能被其理解，继而还可以被内化，从而完成语言习得。由此，他提出了一个著名的"i+1"公式，其中"i"为学习者现有的水平，"i+1"意为学习者实际学习的内容应略超出其现有水平。对于学习者在何种情况下能够有效地内化语言输入，他概括了三点：有意义；略超出学习者现有的水平；对学习者来说可理解。据克拉申所言，学习者理解新输入的语言材料可以有两个途径：1. 利用语境帮助自己理解；2. 教师对所提供的语言输入进行适当的简化（Krashen，1985）。

（二）朗的互动假说

"互动假说"（the interaction hypothesis）是朗在克拉申输入假说的基础上提出的，并被广泛认为是对输入假说的拓展和延伸。克拉申的输入假说认为语言习得的唯一途径是可理解性输入，而朗的互动假说则强调语言习得中的互动（即意义协商）在二语习得中的决定性作用。意义协商是指在互动过程中，交流双方遇到交际障碍时，要通过确定核准、澄清请求等一系列活动，使得不理解的话语为听者理解。朗认为对话与互动在二语习得的过程中至关重要，并强调语言在互动中被询问、解释、修正得越频繁，其可理解性就越大，语言输入也就越成功，因为它更加符合语言学习者的个人需求（Long，1981，1996）。

（三）斯温的输出假说

"输出假说"（the output hypothesis）是斯温于1985年在研究了加拿大的"沉浸式教学"后提出的。她指出，"可理解的输入"在语言习得过程中固然有很大的作用，但仍不足以使学习者全面发展二语水平。斯温进一步指出，学习者若想使自己的第二语言既流利又准确，不仅需要可理解的输入，更需要"可理解的输出"。1993年，斯温在对输出假说的解释中提到，"输出能激发学习者从以语义为基础的认知处理转向以句法为基础的认知处理。前者是开放式的、策略性的、非规定性的，在理解中普遍存在；后者在语言的准确表达乃至最终的习得中十分重要"（Swain，1993）。因此，斯温认为，输出在句法和词法习得中具有潜在的重要作用。

理论链接之三："意义优先，聚焦形式"

"意义优先，聚焦形式"是由应用语言学家迈克尔·朗率先提出的 (Long，1998)。他使用的术语是 focus on form，并且将 focus on form 与 focus on forms 区别开来。前者是指在以意义和交际为中心的基础上，将学习者的注意力引向语境中出现的语法形式，其宗旨是，对形式的关注应建立在意义和交际的基础之上。后者则是脱离语境和交际活动的单纯、孤立的形式操练。"意义优先，聚焦形式"的理据主要有三个：

1. 从心理学角度出发的"记忆容量有限说"。该理论认为人的短时记忆容量有限，如果在语言学习过程中同时处理语言的形式和意义，就会超过短时记忆的正常负荷，造成语言学习效果不佳。要使学习者有效地处理语言的形式，就必须以正确地理解意义为前提。

2. 从认知心理学角度出发的"注意假设"。该假设认为只有被注意到的语言输入才有利于语言的内化，如果这种注意得到不断强化，就有可能提高学习者对语言形式的意识，帮助学习者注意到中介语系统与目的语之间的差距，从而促进学习者对中介语系统进行重组。

3. 从教学法角度出发的"互动假设"。该假设认为促进二语发展的一个关键因素就是学习者之间的言语互动，在互动过程中出现的意义协商则尤为重要，因为它能凸显造成理解困难的语言形式，有利于学习者把握二语的形式与功能之间的关系，促使他们把注意力放到形式上，提高语言表达的准确性。

朗等人提出的"意义优先，聚焦形式"的理念，是我们正确处理外语教学过程中形式与意义矛盾的一把钥匙。这一理论及相关的实证研究结果表明，注重形式的教学并不排除学习者对意义的关注，而以意义为中心的教学活动也需要学习者对语言形式进行加工。基于任务的教学在教学过程中兼顾形式与意义两个方面，贯彻意义优先的原则，可以促进学习者在语言流利性、准确性与复杂性三个维度上全面发展。

阅读与思考：

● 基于任务的教学法的哪些方法和思想体现了系统功能主义语言学的理念？

● 输入、输出和互动假说的思想在任务型课堂上是如何体现的？

第五节　对话交流

王老师通过一期有关基于任务的教学法的培训之后，系统地领会了这种教学法的精神和理念。回校后王老师设计了一节实例课，但还是有一些困惑，于是他带着这些困惑拜访了李教授，共同探讨教学设计中的问题。

王老师：

今天下午听了您的报告，我对基于任务的教学法有了更深刻的认识，也根据这种教学法设计了一节实例课，您能否帮我指点一下？

李教授：

小王老师，我看了你设计的课例，感觉这个设计充分体现了基于任务的教学法的精神和理念，即在做中学、用语言做事情、以学习者为中心、以任务为途径等。核心任务对学生很有吸引力，教学情景具有真实性，课堂活动围绕任务的完成展开，体现了前任务、任务环、后任务三个步骤，也重点训练了学生对语言的运用能力。但有一点应该注意，基于任务式教学在关注意义的同时，也应聚焦语言形式，在教学中你应该随时关注学生在意义协商过程中出现的语言困难，并适时提供帮助和指导，这种基于交际需求的语言学习有助于学生习得目的语的语言形式。

王老师：

谢谢李教授对我的指点。我还有一些困惑想请教。首先，您觉得在我国倡导和推广基于任务的教学法有哪些具体的问题和困难？

李教授：

基于任务的教学法的产生与发展有其特定的土壤，有着与我国语言教学传统相去甚远的语言学习环境和条件。例如，在基于任务的教学法研究开展较早的美国和印度，英语被当作母语或第二语言来进行教授，学生语言学习以融入性动机（integrative motivation）为主。而在我国，外语学习者远离目的语社会，不太可能参与太多以目的语为中介的社会政治、经济生活，他们学习语言的主要目的是为了阅读外文文献，或者以此为工具来获得更好的工作机会或社会声望。因此，他们的学习是出于一种外部的工具性动机（instrumental motivation）。而且，我国的大多数地方严重缺乏学习英语的语言环境，学生不可能在自然环境下习得英语。而这极其有限的接触量使得基于任务的教学法所倡导的"让学习者通过对语言的感知体验，建构起对目的语系统的认识"的理念，显得非常不切实际，尤其是对初学者来说。因此基于任务的教学法要根据具体情况有选择地加以实施。

王老师：

这么说，基于任务的教学法的实施也是有一定条件限制的，但为什么2001年教育部颁布的《全日制义务教育普通高级中学英语课程标准（实验稿）》又把基于任务的教学法作为一种主要的语言教学方法向全国中小学教师推广呢？

李教授：

这正是基于任务的教学途径在我国"推广"最具争议之处。一方面，基于任务的教学法从学生的学习兴趣、生活经验和认知水平出发，倡导体验、实践、参与、合作与交流的学习方式和任务型的教学途径，注重发展学生的综合语言运用能力，符合世界语言教育所倡导的体验实践为主的教学方式和自主探究合作为主的学习方式的主流，客观上也对改变我国英语教学"费时低效"和"哑巴英语"的现状具有重要意义；但另一方面，因为中西语言学习文化的差异、语言环境和学习动机的差异等诸多要素，我们在"拿来"基于任务的教学方法时确实存在水土不服的问题。作为一个国家基础教育的指导性、纲领性文件，2001年版的《全日制义务教育普通高级中学英语课程标准（实验稿）》单独将任务型教学法提出来向全国不同地区、不同民族、不同类别的学校进行"推广"，虽然从总的方向和原则上是正确的，但具体方式上确实有待商榷。除了我们上述提及的语言学习文化、语言教学环境、语言学习动机等方面的因素外，历史上的一些教学方法，以及与"基于任务的教学法"同时期出现的其他教学方法（如词汇法、基于内容的教学法、全语言教学法等），也都和基于任务的教学法一样，在语言教学中各具特色和优势。所以，教师对基于任务的教学法应该和对其他教学法一样，采取兼容并蓄的开放态度，认真学习，把握个中蕴涵的理念以及教育学、语言学原理，同时结合本地的实际情况和自身的条件，探索有利于学生学习语言的教学途径和方法。

顺便提一下，《义务教育英语课程标准（2011年版）》已将原来的"教师应该避免单纯传授语言知识的教学方法，尽量采用'任务型'的教学途径"，改为"教师要通过创设接近实际生活的各种语境，采用循序渐进的语言实践活动，以及各种强调过程与结果并重的教学途径和方法，如任务型语言教学途径等，培养学生用英语做事情的能力"。这种提法，更加符合现代语言教学的理念和中国英语教学的现状。

王老师：

在当前推进素质教育的大潮下，许多教师摒弃传统语言课堂以灌输的方式直接呈现、讲解语言规则的方法，大力倡导以任务型为核心的课堂教学，您觉得语言知识的讲解和学习有必要吗？

李教授：

在英语作为外语的情况下，对语言知识学习的重要性国内外许多

117

学者都有论述。斯特恩（Stern，1983）在谈及第二语言与外语学习的区别时表示，外语学习通常需要更多正规的教学和其他措施，以弥补环境支持的不足。我国语言学家胡壮麟教授的观点更是旗帜鲜明。胡先生认为，从发展方向看，一个语言正确但不流利的学习者，如果有更多的机会同操英语者接触，会逐渐趋向流利；而一个语言貌似流利但错误很多的学习者，靠自己的习得，很难往正确的方向发展，因为他（她）已养成有错误但却不自知的陋习。因此，语法教学还是有必要的。不要忘记，在威利斯推荐的基于任务的语言教学模式中，最后一个阶段恰恰就是语言聚焦（Language Focus）。

总体说来，基于任务的教学法代表了西方重视输出的语言学习文化，对它的引进和倡导对改变我国传统的英语课堂教学具有重要的借鉴意义。同时还应看到，在我国，英语主要还是作为外语来学习和教授的，这与西方国家将英语作为第一语言来学的特定环境和条件有许多不同，再加上基于任务的教学法本身的问题和局限，我们在借鉴的时候应该抓住其本质与内核，而不应只是在形式上盲目模仿。

王老师：

谢谢李教授，您帮我解开了很多认识上的疑惑。

阅读与思考：

● 基于任务的教学法与传统的教学法相比，优势在何处？又有哪些局限性？

● 想一想，你如果在课堂上实施基于任务的教学法，会出现哪些问题？你将如何处理？

● 基于任务的教学法适合什么样的教学对象？

延伸阅读：

Fotos, S. 1998. Shifting the focus from forms to form in the EFL classroom [J].

ELT Journal, 52(4): 301–307.

Nunan, D. 2004. *Task-Based Language Teaching* [M]. Cambridge: Cambridge University Press.

Prabhu, N. 1987. *Second Language Pedagogy* [M]. Oxford: Oxford University Press.

Willis, J. 1996. *A Framework for Task-Based Learning* [M]. Essex: Addison Wesley Longman Limited.

龚亚夫, 罗少茜. 2003. 课程理论、社会建构主义理论与任务型语言教学 [J]. 课程·教材·教法, 1: 49–53.

第九章　基于项目的教学法

通过本章学习，你将能够：
- 了解基于项目的教学法的国内外历史发展状况
- 理解基于项目的教学法的理论基础、核心概念和教学理念
- 初步掌握基于项目的教学法的课堂教学过程和操作步骤
- 正确认识和评价在"后方法"视角下的外语教学中基于项目的教学法的框架

第一节　方法概述

基于项目的语言教学法（Project-Based Language Teaching）肇始于美国教育家杜威倡导的问题教学法（Problem Method），后经其学生克伯屈（W. H. Kilpatrick）总结、提炼和推广发展而来，故而这一方法与杜威主张的"教育即生活""学校即社会""在做中学"等进步主义教育哲学思想一脉相承。直到20世纪70年代交际外语教学法诞生，包括基于项目的学习方式在内的体验式学习理念才开始对英语教学实践（包括EFL和ESL）产生实质性的影响。英语教学界（ELT）也才认同了以学习者为中心的教学原则，逐渐重视学习者的自主性，鼓励师生磋商教学大纲，强调协作学习和通过实施任务而学习，并认识到项目对促进有意义的语言互动具有巨大的潜力（Beckett, 2006）。此后英语教育者开始探索并运用项目教学，使之逐渐成为多种教学环境下英语课程教学的一部分。

所谓项目，就是"一个共同构建和磋商的行动计划"，是"以主题和任务为中心的教学方式，是所有参与者共同磋商的结果"（Legutke & Thomas, 1991）。在某种程度上，项目其实是延伸拓展了的任务。教师指导学习者通过实施一系列项目活动，通常包含项目构想活动，阅读、倾听、访谈等信息收集活动，解决问题的活动，口笔头报告活动，展示

活动以及反思活动等，将语言技能训练和思维训练整合起来，以学习者的学习和生活中的问题为载体和驱动，力图创设一种类似于科学研究的情境，让学生在收集、分析和处理信息的实际感受和体验知识的生产过程中，接受语言输入，体验并使用语言，进而了解社会，培养科学探究精神，发展分析问题和解决问题的能力、批判性思维能力、团队协作能力和人际交往能力。这集中体现并贯彻了语言的"学"与"用"的统一，兼具基于任务的（task-based）教学模式和基于内容的（content-based）教学模式的主要特点，因此基于项目的语言教学可以看成是二者的结合和延伸（张文忠，2010）。

项目教学已在世界范围内开展，成为二语教学实践中的一种重要模式。近年来，随着国际互联网在教育领域的广泛应用，基于信息技术、特别是网络技术的项目学习逐渐成为主流外语教学方法之一。其中最引人注目的是美国圣地亚哥州立大学的伯尼·道奇（Bernie Dodge）和汤姆·马奇（Tom March）开发的 WebQuest，它是以网络为协作平台、基于专题探究的项目教学模式。

粗略而言，依托项目的二语/外语学习具有以下特征：

- 强调以学生（小组）为中心的体验，弱化教师统领的学习，教师不再是单纯的知识传授者，而是项目管理者和顾问。
- 既注重学习过程又注重学习产出，最终要产生一个实实在在的学习成果。
- 一定时间跨度内的课内外系列活动，如项目构想、田野调查、信息整理和展示。
- 强调技能整合，学习和运用多种技能；鼓励学习者自主探究；学生对项目构想、实施和展示各环节负责。
- 强调使用真实材料。

阅读与思考：
- 基于项目的外语教学方法的基本理念是什么？

- 基于项目的教学法区别于其他教学方法的典型特征是什么？
- 基于项目的教学法在外语教学中应该如何体现？它与其他学科中项目教学的实施有什么不同？

第二节　典型课堂

本周要学习的单元主题是 New Zealand。学生和往常一样，已经预习了本单元的词汇和课文内容。[7]

李老师一上课就宣布这次他要改变一下原来的教学方法。他要求学生根据提示，从网上查阅有关的信息，并据此编写一本新西兰导游手册。这样可以让学生对新西兰的历史、文化、自然环境等有更深入的了解。

李老师先给学生介绍项目情境（Introduction）：新西兰是个美丽、富饶的岛国。我们要为旅游公司设计一本有关新西兰的导游手册，该手册不仅要介绍新西兰各方面的情况，还要图文并茂、引人入胜。

接着，李老师把全班同学分成了若干小组，并为每个小组及组员布置了任务（Tasks）：每四人一组，每组负责 12 个主题中的一个主题，在网上寻找相关的信息，将其编辑成导游手册中的一个章节。四个人中，一个当摄影记者，一个当文字编辑，一个当主编，一个准备做 10 分钟的项目成果汇报。摄影记者负责收集有关章节的图片，文字编辑负责撰写相关章节的文字材料，主编负责整个章节的图文排版工作。每组的四个人密切合作，共同探讨，尽量做到图片丰富、文字生动、排版优美。各组完成后相互交流，每组由一位学生做口头汇报。在学习、了解、欣赏完各组同学所创作的作品后，最后由一个小组将所有的章节汇编成册。

为了帮助学生顺利完成项目，李老师为他们提供了一些网络资源

7　本案例根据郑晓鸥（2007）改写。

(Resources)。这些网络资源从不同的角度介绍了新西兰的情况，学生可从中得到相关的信息。

同时，李老师还向学生解释了完成项目的过程（Process）。他要求大家按照以下程序进行：分组—分工准备—内容讨论—图文排版—修改润色—课堂汇报，另外还对每一个步骤做了详尽说明。

接着，李老师给学生解释了评价标准（Evaluation）：每位学生的成绩与他（她）所在的小组所获得的成绩相同。成绩分为及格、良好和优秀，评价的主要维度为任务完成度、资源多样性、呈现形式的吸引力、语言使用的质量等。

各组花了两周时间准备，并提交了各自的项目成果。看着自己的劳动最终转化为一本印刷精美、内容丰富的新西兰导游手册，大家心中产生了强烈的成就感。李老师最后根据评价标准对每组学生的表现进行了点评，同时对本次项目做了总结并布置了作业：通过本课 WebQuest 的学习以及各小组的相互交流，你们对新西兰各方面的情况有了更深入的了解。如果你们有机会去新西兰度假一周，你们打算怎样安排呢？

阅读与思考：

- 外语教学项目可分为语言实践项目、课题研究项目、综合应用项目等。你认为这个课堂案例体现了哪一种项目类型？为什么？
- 这个课堂案例与你对基于项目的教学法的理解有何异同？最大的不同在哪个环节？
- 这个案例中要求学生编写一本新西兰导游手册，你能补充一些类似的项目成果吗？
- 根据这个案例的实施环节，可以看出学生哪些方面的能力得到了提升？

第三节　案例解析

课堂教学实践	基于项目教学的理念及原则
本周要学习的单元主题是 New Zealand。学生和往常一样，已经预习了本单元的词汇和课文内容。李老师一上课就宣布这次要他改变一下原来的教学方法。他要求学生根据提示从网上查阅有关的信息，并据此编写一本新西兰导游手册。这样可以让学生对新西兰的历史、文化、自然环境等有更深入的了解。	WebQuest 网络项目教学模式除了具备项目式教学的所有特征外，最鲜明的特点就是其活动过程和结果都是基于网络来呈现的。一个完整的 WebQuest 项目至少应有情境、任务、过程、资源、评估和结论六个模块。
李老师先给学生介绍项目情境（Introduction）：新西兰是一个美丽、富饶的岛国。我们要为旅游公司设计一本有关新西兰的导游手册，该手册不仅要介绍新西兰各方面的情况，还要图文并茂、引人入胜。	"情境"部分相当于教师的"开场白"，它可以是教学情境的创设，可以是任务的背景，也可以是活动的热身和前奏。其目的主要是给学生指定方向，通过各种手段提升学生的参与意识和兴趣。该情境应该与学生过去的经验和未来的目标相关，应具有一定的价值和意义。
接着，李老师把全班同学分成了若干小组，并为每个小组及组员布置了任务（Tasks）：每四人一组，每组负责 12 个主题中的一个主题，在网上寻找相关的信息，并将其编辑成导游手册中的一个章节。每组的四个人密切合作，共同探讨，尽量做到图片丰富、文字生动、排版优美。各组完成后相互交流，每组由一位学生做口头汇报。在学习、了解、欣赏完各组同学所创作的作品后，最后由一个小组将所有的章节汇编成册。	"任务"模块是对项目结束时学生将要完成的事项进行描述。最终成果可以是一件作品，也可以是口头报告，具体可包括编纂、复述、判断、设计、分析等，或者是这些任务不同程度的综合。任务的导语要明确、具体，让学生明白自己在项目中扮演的角色，并充分理解项目的目标、过程以及最终成果的表现形式。

（续表）

课堂教学实践	基于项目教学的理念及原则
为了帮助学生顺利完成项目，李老师为他们提供了一些网络资源（Resources）。这些网络资源从不同的角度介绍了新西兰的情况，学生可从中得到相关的信息。	在 WebQuest 模式中，"资源"是一个网站清单，这些网站是教师事先访问过的，目的是帮助学生完成任务。资源需经教师筛选，以便学生在主题上集中注意力，而不是漫无目的地寻找。给学生的资源并不限于网络资源，也可以包含非网络资源，如图书、教材、音视频资源等。
同时，李老师还向学生解释了完成项目的过程（Process）。他要求大家按照以下程序进行：分组—分工准备—内容讨论—图文排版—修改润色—课堂汇报，另外还对每一个步骤做了详尽说明。	在"过程"模块中，教师给出学生完成任务要经历的步骤，供其参考。其中包括把任务分块的策略以及对每一位学生扮演角色或看问题角度的描述等。这一部分引导应该具体，让学生不至于感到无从下手，但也不宜过分细致，以防束缚了学生的主动思维和探索能力。
李老师给学生解释了评价标准（Evaluation）:每位学生的成绩与他(她)所在的小组所获得的成绩相同。成绩分为及格、良好和优秀，评价的主要维度为任务完成度、资源多样性、呈现形式的吸引力、语言使用的质量等。	"评价"是 WebQuest 的重要模块。至少应包含两个方面，一是对学生的学习结果进行评估，主要反映学生的思维能力及水平；二是对项目本身进行评估，评价内容包括主要收获、经验和不足，从项目本身延伸出来的想法或思考，以及学生的参与度和兴趣等。
总结：通过本课 WebQuest 的学习以及各小组的相互交流，你们对新西兰各方面的情况有了更深入的了解。如果你们有机会去新西兰度假一周，你们打算怎样安排呢？	教师主要总结项目学习经验，展示学生的优秀作品，鼓励学生对过程进行反思，拓展和概括所学知识，同时也可鼓励学生拓展其他领域的项目经验。

阅读与思考:

- 通过上述解析,你对基于项目的教学法有哪些新的认识?
- 这个解析澄清了你对基于项目的教学法的哪些误解或困惑?
- 网络环境下和非网络环境下基于项目的语言学习有何异同?

第四节 理论链接

基于项目的教学法的理论基础主要有杜威的实用主义教育理论、布鲁纳的发现学习理论以及皮亚杰等人的建构主义学习理论。其中建构主义学习理论已在第八章中介绍过了,这里不再赘述。

理论链接之一:实用主义教育理论

杜威针对"以课堂为中心,以教科书为中心,以教师为中心"的传统教育,提出了实用主义教育理论,主张"教育即生活""学校即社会""在做中学"等进步主义教育哲学思想。其主要观点包括:

1. 以经验为中心。杜威认为,一切知识来自于经验。他在《经验与教育》一书中说道:"教育即生活,教育是传递经验的方式。"他认为,为了实现教育的目的,不论对学习者个人来说,还是对社会来说,教育都必须以经验为基础——这些经验往往是一些个人的实际的生活经验(Dewey,1938)。

2. 以儿童为中心。实用主义反对传统教育忽视儿童的兴趣和需要的做法,主张教育应以儿童或者受教育者为起点。

3. 以活动为中心。

这种理论体系可称为杜威教育理论的"三中心论"。杜威认为,崇尚书本的弊端是没有给儿童提供主动学习的机会,只提供了被动学习的条件。他提出:"学校主要是一种社会组织。教育既然是一种社会过程,学校便是社会生活的一种形式"(杜威,1994)。由此,杜威提出"在做中学"的教育理论。这个理论主要包括五个要素：设置疑难情境，使儿童对学习活动有兴趣；确定疑难在什么地方，让儿童进行思考；提出解决问题的种种假设；推动每个步骤所含的结果，进行实验、证实、驳斥或反证假设；通过实际应用，检验方法是否有效（张云，2007）。究其实质，这五个要素讲的就是在实践中培养学生的能力。

项目教学是以真实的或模拟的工作任务为基点，让学生利用校内外各种资源及自身的经验，采用"在做中学"的方式，通过完成任务来获得知识与技能。项目教学强调现实，强调活动，与杜威的实用主义教育理论是一致的。

理论链接之二：发现学习理论

针对传统教学的"仓库理论"，美国教育家布鲁纳提出了发现学习理论。他认为，学生的认识过程与人类的认识过程有共同之处，教学过程就是教师引导学生发现的过程，"学习就是依靠发现"。他要求学生在学习过程中，利用教师提供的材料，像数学家那样思考数学，像历史学家那样思考历史，亲自去发现问题的答案和规律，成为一个"发现者"。他认为，对学生的学习而言，发现不限于寻求人类尚未知晓的事物，确切地说，还应当包括学习者通过自己的认知活动而亲自获得知识的一切方法。于是，他设计了如下发现学习的程序：

1. 提出问题：教师选定一个或几个一般的原理，学生的任务是带着问题去学习，提出弄不清楚的问题。

2. 创设问题情境：情境中的问题既适合学生已有的知识能力，又需经一番努力才能解决，从而促使学生对未知事物进行探究。

3. 提出假设：学生利用所掌握的资料，对问题提出各种可能性。

4. 检验假设，得出结论：对各种可能性进行反复的求证、讨论、寻求答案（肖少北，2001）。

基于项目的学习不是接受式学习，而是发现式学习。在学习初始阶段，学生就问题如何解决形成假设，提出解决方案，然后通过各种探究活动和所收集的资料对假设进行验证，最后形成自己的结论。

阅读与思考:

● 杜威的实用主义教育理论和布鲁纳的发现学习理论分别对基于项目的语言学习有何启示?

● 除了上述两种学习和教学理论之外,"合作学习理论"与"自主学习理论"对基于项目的语言学习也有重要的理论价值。基于项目的教学方法在哪些方面体现了这两个理论的影响?

第五节　对话交流

李老师系统地学习了基于项目的教学法的相关理论,对这一方法很感兴趣,并在此教学理念的引领下呈现了一节基于项目的教学法的教学实例。同时,他对这一方法还有些疑问和困惑,为此他特地访问了语言教学专家刘教授,共同探讨了一些与基于项目的语言教学相关的问题。

李老师:

刘教授,您好!听了您的关于基于项目的教学法的介绍,我对这一方法很感兴趣,后来又查阅了一些相关资料,并结合自己的体会设计了一个基于项目的教学法的课例。我拿不准我的设计是否体现了基于项目的教学法的精神,请您指教。

刘教授:

小李,你设计的课例我看过了。这一教学设计比较充分地体现了基于项目的教学法突出实际的项目任务、驱动学生学习的主导思想,并在课堂组织形式、教学材料及教学情境真实性和教师角色等方面充分体现了基于项目的教学法的精神和理念,具有较强的课堂操作性和示范性。

李老师：

刘教授，有人说项目教学与常规教学完全不同，您是否同意这个观点？您能具体谈谈这两者的区别吗？

刘教授：

我认为项目教学是在常规教学的基础上发展起来的，但两者的区别还是很明显的：项目教学已经不再是某门理论课或主干课的附属，也不再局限于某个学科和课程，而是一门理论与实践相结合的综合型课程，至少涉及两门以上的课程知识和技能。学生通过参与项目和亲自动手，巩固了所学的理论知识，提高了操作的技能和水平，特别是能将理论与实践结合起来。

项目教学的教师并非教学活动的唯一中心，而是从传统教学的主角转变成了教学活动的组织者、监督者和学习辅导者。在整个教学活动中，教师只有在第一阶段明确项目任务时才占据主导，在第二、第三阶段，即制定计划与项目实施阶段，学生逐步成为教学的中心。教师把学生引入项目之后，就退居到次要的位置，随时准备帮助学生解决困难。最后阶段则是师生共为中心，一道总结评估，分析得失。

在整个活动中，学生不仅可以获取知识与技能，其计划、组织、分析、合作和评估等社会能力也能得到锻炼和提高。而社会能力正是学生将来走上工作岗位所需的关键能力之一。

传统的教学方法往往是封闭的、单向的、灌输式的，而项目教学法则是开放的、双向的、互动的，具有较多自主学习的成分。在不少项目中，学生可以将已经掌握的知识综合运用和自由发挥，与指导教师进行平等交流，甚至还可发表与指导教师不同的见解。这样既可以帮助学生把知识与技能学活，也能激发和锻炼学生的创新意识和创新能力，而创新能力也是学生将来从业所需的关键能力之一。

项目教学一般都以团体学习的形式进行，学生可以相互交流，充分发挥个人的聪明才智，锻炼与他人合作共事的能力。

李老师：

刘教授，我还有一个问题。我觉得"基于任务的教学法"与"基于项目的教学法"似乎很难区分，您认为呢？

刘教授：

的确有很多教师认为"基于任务的教学法"与"基于项目的教学法"没有什么不同，只不过是换种说法而已。实际上这两种教学方法是有区别的，主要表现在以下几个方面：

1. 理论基础不同：虽说两者都是在建构主义教学理论指导下的教学方法，具体的操作方式却有所不同。基于任务的教学法更侧重将教学任务进行分解和情境创设，是由师生互动来开展学习的；基于项目的教学法则侧重对项目的选取与情境的创设，主要由学生合作完成预定的项目。

2. 培养的侧重点不同：基于任务的教学法更侧重对学生进行新知识与技能的传授，让学生在完成任务的过程中发展综合能力；而基于项目的教学法则注重培养学生独立分析问题与解决实际问题的能力。

3. 教师的作用不同：在基于任务的教学法中，教师设计任务较为容易，指导学生的实践较多；而在基于项目的教学法中，教师设计项目较难，指导学生的实践较少，主要靠学生完成。

4. 评价方式不同：基于任务的教学法主要采用学生互评与教师对学生评价相结合的方式，而基于项目的教学法主要采用小组互评与教师对学生的评价相结合的方式。

李老师：

刘教授，您能说一说在基于项目的教学中，小组活动时成员分配应遵循什么原则吗？

刘教授：

　　教师可让学生根据自己的兴趣和特长自由结合，组成不同的项目小组。比如，在你的课例中，学生就可以按照教学内容和项目要求分为采编组、访谈组、摄制组、撰稿组等。你也可以依据学生的学习成绩、知识结构、学习能力、性格特点等，将学生分为若干个小组，每组五六个人，并设立负责人。这样更便于关注学生的个体差异，发挥每个学生的特长和潜质，促进他们在课堂上相互合作，共同进步。教学项目中的任务分配一定要确保学生人人参与，他们可以是 group leader, designer, secretary, writer，也可以是 reporter，按难易程度将任务分配到人。这样组成的学习小组会更有目的性和针对性，比随意组合更有助于学生各方面技能的提高。

李老师：

　　刘教授，基于项目的教学中教师的角色定位是什么？是不是项目都交给学生做了，教师就轻松了？

刘教授：

　　恰恰相反，基于项目的教学中教师尽管不再是绝对的主角，但工作负担更重，责任更大，需要在项目执行之前做大量的准备工作：要确定项目内容、任务要求、工作计划、评价方法，要设想在教学活动中可能会发生的情况，要考虑项目的难易程度以及学生对项目的承受能力等。在项目实施过程中，教师还要把握每个小组乃至每位学生的具体情况，适时指导，保证进度，正确评判，不失公平。项目教学对教师的素质提出了更高的要求，教师不仅要讲授理论，还要讲授实践课，不但要会讲，还要动手做，给学生做示范，纠正学生操作中的错误，并及时解答整个教学过程中学生提出的任何问题。

李老师：

　　谢谢刘教授。

阅读与思考：

● 为什么说基于项目的教学是一门理论与实践相结合的跨学科
   综合型课程?

● 在基于项目的教学中，学生是最大的受益者，你认为他们的
   收获主要表现在哪些方面?

● 你认为基于项目的语言教学有哪些劣势? 应该采取什么手段
   才能消除这些劣势?

延伸阅读：

Turnbull, M. 1999. Multidimensional project-based teaching in French second language (FSL): A process-product case study [J]. *The Modern Language Journal,* 83(4): 548–568.

刘育东. 2011. 外语教学中项目学习教学法的研究现状、问题与对策 [J]. 河南大学学报（社会科学版），6: 133–138.

张文忠. 2010. 国外依托项目的二语／外语教学研究三十年 [J]. 中国外语, 2: 68–74.

第十章　基于内容的教学法

通过本章学习，你将能够：
- 了解基于内容的教学法及思想发展的社会背景和理论背景
- 了解基于内容的教学法的理论基础、教学方法和教学思想
- 掌握基于内容的教学法的课堂教学过程和操作步骤
- 正确认识和评价基于内容的教学法在教学思想发展史上的地位

第一节　方法概述

基于内容的教学法（Content-Based Instruction，以下简称 CBI）是一种在交际语言教学基础上发展起来的教学方法。它将语言教学构建于某个学科或某个主题的内容之上，把语言学习与学科知识学习结合起来，在提高学生学科知识和认知能力的同时，也促进其语言水平的提高。CBI 教学使目的语和有意义的内容有机地结合在一起，目的语成为学习者接触到的最直接的学习介质，同时也是学习某一特定学科知识的媒介，从而改变了在大多数教育环境中将语言学习和学科知识学习人为分割的状态，这不仅有利于激发学生通过目的语进行思考，学习新知识，而且更有利于他们把听、说、读、写四种语言技能自然地融合在一起。因此，在 CBI 教学中，教师不是以语法规则、词汇列表、功能意念或特定情景建构的框架来施教的，而是以内容主题来贯穿整个课程的。正如斯托勒（Stoller，2004）所说，CBI 教学不但培养了学习者的语言技能，而且丰富了他们的知识。

事实上，把语言和内容相结合在教育领域并非新鲜事物。在西方正规教育的历史中，有许多内容是以第二语言教授的。早在公元 389 年，这一教学理念就由圣·奥古斯丁提出，他认为语言学习需要注重有意义

的内容学习。在罗马帝国灭亡后的一千余年中，拉丁语仍旧是欧洲教会学校与世俗学校的教学语言。英语、法语、西班牙语和葡萄牙语今天仍在不少原殖民地国家的学校中作为教学语言被广泛使用。但在语言教学这个特定领域进行自觉的教学实践，最初则源于 1965 年前后加拿大的一个语言沉浸式教育项目，其目的在于为本国说英语的年轻一代提供学习法语的机会，因为在加拿大，法语是除英语以外的另一种官方语言。沉浸式教学是指用第二语言作为教学语言的教学模式，即儿童在校（园）的全部或一半时间内，都被"浸泡"在第二语言（如法语）环境中，教师只用第二语言面对学生，不但用第二语言教授第二语言，而且还用第二语言教授部分学科。也就是说，第二语言不仅是学习的内容，也是学习的工具。沉浸式教学标志着传统的、孤立的外语教学向外语与学科知识教学相结合的方向转变。CBI 于上世纪 80 年代中晚期开始被应用于通用语言教学领域，在 90 年代和本世纪初日益受到欢迎，在美国和加拿大的许多学校得到越来越广泛的运用，并出现在各种各样的教学项目中。在欧洲，这种方法被称为内容和语言的综合学习（Content and Language Integrated Learning，简称 CLIL），并被欧洲委员会描述为"在外语方面获得进步的最佳方法"（Coyle *et al.*，2010）。

CBI 汲取了二语习得理论、合作性学习理论、认知学习理论以及其他多方面的研究成果，因而具有较强的理论基础。CBI 具有四个基本特征：

1. 学科知识共核：学科知识是课程最基本框架的基础。

2. 真实语料的使用：核心材料（文本、音像制品等）都应主要选自为本族语者制定和使用的语料。

3. 新信息的学习：学习者应该用目的语了解新信息。

4. 适合学习者的特定需求：话题、学科知识内容、教学材料以及学习活动都应和学习者的认知需求、情感需求及语言水平相适应（Leaver & Stryker，1989）。

CBI 教学具有四种常见的原型模式：沉浸模式、主题模式、附加模式、保护模式。这四种模式从关注语言能力到关注学科内容，构成了一个连续体。具体如下图所示（见下页）：

沉浸模式 ➡️ 主题模式 ➡️ 附加模式 ➡️ 保护模式

关注语言能力 ————➡️ 关注学科内容

阅读与思考：

● CBI 是在什么教学历史背景下产生的？

● 根据以上介绍，与 CBI 有关的核心概念有哪些？

● CBI 与其他教学方法相比有哪些优势和特点？

第二节　典型课堂

张老师走进教室，今天她要用英语给学生讲解一些地理知识。上课开始，张老师问学生是否知道 globe 这个单词的意思，有些同学说它的意思是 world，有些同学用两手比画了一个大圆。张老师伸手从课桌里拿出一个地球仪，跟全班同学解释说，这就是 globe，并询问他们在 globe 上看到了什么，想到了什么。[8]

全班同学情绪高涨，纷纷举手回答，张老师将大家说的单词写在黑板上。当有学生用汉语说出某个地理概念时，张老师一边说出该概念的英文单词，一边在黑板上把单词写出来。不一会儿，黑板上就写满了与 globe 相关的英文单词：ocean, continent, Africa, island, peninsula, Europe, desert, forest, North Pole, tropical 等。张老师写完后又把这些单词领读了几遍。

接着，张老师给学生发了根据一段题为"Understanding Globe"的视频改编的讲义。其中第一项是该视频材料包含的生词。她自己把这些单词朗读了一遍，让学生注意听：hemisphere, imaginary, latitude, longitude, model, parallel, degree, equator, lobe 等。

8　本案例根据拉森-弗里曼（2000）改编。

然后，张老师让全班同学阅读根据视频材料改写的短文，并根据自己的理解在空格处填上恰当的单词：

A _____ is a three-dimensional _____ of the earth. Points of interest are located on a globe by using a system of _____ lines. For instance, the _____ is an imaginary line that divides the earth in half. Lines that are parallel to the equator are called lines of _____.

接着，张老师播放视频，让学生根据视频内容将短文中没有填上的单词补上去。

接下来，张老师提醒学生注意短文中的一些重要短语和表达法，如：are located, are called 等。同时，张老师告诉学生这些短语都是英语中的被动结构，也是本单元重要的语法内容，并对被动句的结构和用法做了简单的解释：被动句是指句子的主语与谓语之间是被动关系；句子的主语是谓语动词所表示的行为的承受者。动作的实施者在此类句子中的作用往往被弱化，甚至根本不出现，如短文中例句所示。英语中的被动结构通常用"be＋动词的过去分词"构成。

接下来，张老师又解释了"纬度"（latitude）和"经度"（longitude）两个概念，并告诉学生如何用这两个概念对地球上的任何地方定位，随后便让学生根据经纬度来定位一些国家的城市。她给出一个例子：The city is located at latitude 60° north and longitude 11° east. 学生纷纷举手，张老师让马丽到讲台前，在地球仪上定位这个城市。马丽轻而易举地确定了这个城市是挪威的奥斯陆。接着，张老师又让其他几位同学做了类似的练习。

然后，张老师让学生做一个猜测游戏。她把学生分成若干小组，让每组想出五个城市的名称，然后在地球仪上对这些城市定位，并写下其经纬度。然后他们要把这些城市的经纬度大声读出来，让其他组的同学猜猜是哪个国家的哪个城市。例如：This city is located at latitude 23° north and longitude 113° east. 结果第五组的同学猜出该城市是中国的广州。第四组的同学也给出了一个地理坐标：The city is located at latitude

34° south and longitude 151° east. 第二组的同学猜出了答案：澳大利亚的悉尼。

最后，张老师给学生布置作业：在地图上标出自己感兴趣的五个城市名称，记下其经纬度，并用 be located 写出这五个城市的地理坐标。

第三节　案例解析

课堂教学实践	CBI 教学理念及原则
张老师走进教室，今天她要用英语给学生讲解一些地理知识。	非英语课程的专业内容被引入到英语课堂上，是典型的 CBI 课堂的特征。
上课开始，张老师问学生是否知道 globe 这个单词的意思。	CBI 教学应建立在学生已有的知识和经验的基础之上。
全班同学情绪高涨，纷纷举手回答，张老师将大家说的单词写在黑板上。	当学习者感受到他们所学的语言与自己的知识经验相关时，学习动机就会被激发出来。
当有学生用汉语说出某个地理概念时，张老师一边说出该概念的英文单词，一边在黑板上把单词写出来。	教师在这里采用了"支架"策略，来帮助学生学会他们尚未掌握的单词（尽管他们已经具备了与这些概念相关的学科知识）。
接着，张老师开始播放视频，让学生根据视频内容将短文中没有填上的单词补上去。	当语言作为一种传递学生感兴趣的知识和信息的媒介时，学习效果会更佳。同时，视频加文本的呈现形式，也为学生学习和掌握相关学科领域的词汇提供了更多的语境信息。
张老师告诉学生如何用经度和纬度对地球上的任何地方定位，随后便让学生根据经纬度来定位一些国家的城市。	给学生布置语言上和学科上都具有认知挑战性的真实而有意义的任务，有助于他们掌握学科内容，提高语言运用能力。

（续表）

课堂教学实践	CBI 教学理念及原则
张老师让马丽到讲台前，在地球仪上定位这个城市，然后又让其他几位同学做了类似的练习。	学生从事与学科相关的任务时，需要教师提供语言上的支持。例如，教师可以通过例证、解释和图示等手段来帮助学生解决语言障碍。
最后，张老师给学生布置了作业：在地图上标出自己感兴趣的五个城市，记其经纬度，并用 be located 写出这五个城市的地理坐标。	交际能力并不仅仅意味着口头交际能力，同时还应包括阅读、讨论和就学科内容进行写作的综合能力。

第四节　理论链接

作为后交际时代的一种主要的教学流派，基于内容的语言教学法的理论基础在许多方面与交际法和基于任务的教学法是一脉相承的，如功能主义语言学理论、建构主义学习理论以及语言输入、输出理论等。因这些理论在前几章里有比较详细的解释，在此不再赘述。这里主要讨论两个与 CBI 教学直接相关的理论：CBI 的教学模式以及卡明斯（J. Cummins）对基本人际交流能力与认知学术语言能力这两个概念的区分。

理论链接之一：CBI 的教学模式

目前，CBI 的教学模式主要有三种：

1. 主题模式

主题模式是指以某个主题为核心来设计和组织外语教学活动。主题的挑选应该适合学生的需求，应该与他们的学习和生活息息相关，应该能引起他们较大的兴趣。学生通过某个主题的学习，不仅能学会与这个主题相关的知识，而且会对这个主题有更全面的了解，能够在各种情景中正确进行交际。这类课程构成了 CBI 的最基本形式，在具体的实施过程中，难度相对较小，语言教师可以单独进行教学活动，无需求助其他学科的教师来教授课文的内容。这种模式多用于处于基础语言阶段或没有特殊需要的群体。

2. 保护模式

这种模式起源于北美，主要针对英语有困难的外国留学生。这些学生因为英语水平较低，很难与当地的学生同步学习专业课程，传统的办法是给这些学生加开专门的语言课程。CBI 法则是让他们继续学习专业课程，但需要把他们与当地的母语学生分开，由专业教师根据这些学生的水平，使用难度适当的英语来进行专业知识的教学。把他们同母语学生分离，就如同把他们"保护"起来一样，这即是这种教学模式名称的来源。虽然这种教学模式的特点是帮助学生提高语言水平，以实现课程教学的目标，但必须记住，保护式学科知识教育的总体目标是学习学科内容，而不是学习语言。因此，该教学模式是一种强式的 CBI 形式。

3. 附加模式

这是一种比较复杂的将语言与内容相结合的教学模式，这类课程不是一种独立的课型，而是辅助某一具体学科。附加式课程旨在将特别设计的语言课程和正常的学科教学结合起来。这类课程是针对那些需要修习学科课程但又缺乏必要的语言能力、赶不上课程正常进度的学生开设的。对这些学生需要进行额外的课程教学。正常的课程和附加式课程都以共同的学科内容为基础，但教学的侧重点有所不同：学科内容的教师主要以讲解学科知识和概念为主，语言教师则利用课程内容作为背景，给语言教学提供语境。因此，附加式课程是一般学科类课程的辅助，向学生提供各种机会来提高他们的学习策略，以应对在真正的学习中出现的问题（Stryker & Leaver，1997）。

理论链接之二：基本人际交流能力与认知学术语言能力

自从乔姆斯基提出语言能力的概念后，语言能力和交际能力便成为语言学及应用语言学的一个热点问题，比如，海姆斯提出的交际能力的概念（参见本书第七章）。奥勒（J. W. Oller）在 1979 年提出了一元语言能力观，指出学习者具有一种深层的语言能力，一种统摄其语言运用的能力。而卡明斯则认为将语言使用和操作等所有能力统归于某一种语言能力是不恰当的。所以，卡明斯在双语教育研究中把二语语言能力的发展水平区分为基本人际交流能力与认知学术语言能力。前者指的是几乎所有儿童都能习得的、为进行日常人际交往的交际能力；后者指的是不考虑直接人际交流情景的、与专业知识相关的语言能力。卡明斯指出，用于人际交往的社交语言能力只是一种基本语言能力。这类语言的理解和运用一般不需要进行推理、归纳或分析，只需具备一般的语言能力，通过交际情景暗示（contextualization cues）就可以轻松完成任务。而真正的双语教学教授的不是语言本身，而是通过目的语表达的学科知识。用于表达学科知识的语言如果得不到情景暗示的帮助，就需要较为复杂的认知过程才能理解，而学习者的交际语言能力又不能自动转化为认知语言能力。卡明斯发现，加拿大的英语学习者只需半年左右的时间就可以具备用英语进行基本人际交流的能力；但这些英语学习者却至少需要五至七年的时间，才能达到学校要求的英语认知学术语言水平，即能够用英语学习各种专业课程，达到当地接受正规学校教育的学生的英语水平（Cummins，2008）。

卡明斯的这一理论构架将学习者的语言学习与专业学习联系起来，主张学术语言能力的培养应该与专业学习同时进行。在 CBI 课堂上引入专业信息，有助于在提高学生专业水平和认知能力的同时，提升他们的语言能力。

阅读与思考：

● 这里讨论的 CBI 教学的三种模式各有哪些特点？它们各自的侧重点和适用情景有何差异？

● 你同意卡明斯对"基本人际交流能力"与"认知学术语言能力"这两个概念的区分吗？这一区分对 CBI 教学有何启示？

第五节　对话交流

张老师对 CBI 非常感兴趣，她系统地学习了 CBI 的相关理论，并在此教学理念的引领下，呈现了一节 CBI 的教学实例。但同时，她对这一方法还有些疑问和困惑，为此她特地访问了语言教学专家刘教授，共同探讨了与 CBI 教学相关的一些问题。

张老师：

刘教授，您好！我是一名由地理教师转行过来的英语教师，我一直喜欢在英语课堂上给学生讲一些地理、历史，甚至物理、化学方面的知识，我发现大多数学生对此也比较感兴趣，因为他们在学习英语的同时，也学会了一些其他学科知识的英语表达。但也有些学生觉得学了英语课本上的东西就可以了，对我引进的"课外知识"并不非常赞同，认为学科知识用英语表达出来，词汇难、结构复杂，增加了语言学习的难度。请问您怎么看待这种现象？

刘教授：

小张，你做的这种尝试是非常有益的。把学科知识与语言学习进行整合，让语言学习"有内容"，这是当今外语教学的一个重要趋势。不仅 CBI 是这样，其他后交际时代的教学方法，如前面介绍的基于项目的教学方法、基于任务的教学方法，以及基于主题的教学方法都体现了这一趋势，所不同的只是程度差异而已。这些语言教学方法将学生置于有意义的语言学习环境中，不仅符合语言习得的规律，有利于培养学生的语言使用能力，还能促进学生学科知识的增长和自主学习能力的提高，另外还能培养他们的高级认知和思维能力。这既能满足学生学习学科知识的需要，使他们了解所学目的语国家的文化，又能促使他们用所学的目的语来学习学科内容，使他们在一种自然的环境中习得语言，提高语言运用能力。CBI 教学以学习者为中心，强调发现式学习和体验式学习，使学生在某一特定的语言环境中去自行体会和发现，使学习成为一种自然的行为活动，所以是很有发展前景的。

至于你说的在部分学生身上存在的问题，在 CBI 教学中确实存在，因为 CBI 教学毕竟同时兼顾语言学习和学科知识学习两个方面，学生在其中任何一个方面有困难，都会影响到 CBI 的教学效果。处理这个问题要因具体的教学情景而异。如果目的是为了提高学生的语言能力，就可以给这些学生提供一些专业性不强的学习任务或学习材料；如果目的是通过第二语言学习学科知识，那么就可以在不改变学习内容的前提下，降低任务或材料的难度，或者为这些学生制定特殊的学习方案，这也是我们在语言教学中处理个体差异的一般原则。

张老师：

您这样一讲，我明白了 CBI 教学的很多道理。刘教授，还有一个问题让我困惑了很久。在阅读文献时，我发现 CBI 教学有不同的模式，请问这些模式都是在哪些情景下使用的？

刘教授：

这个问题问得很好。在 CBI 的发展历程中出现了好几个不同的教学模式，如主题模式、附加模式、保护模式、沉浸模式等。这些模式的使用情境从设计的初衷上讲是有差异的，其差异的核心在于课程目标的重心是放在语言能力上，还是放在学科内容上。如果重心在于提高学生的语言能力，学科内容只是用来扩大学生的知识面、提高其英语学习的兴趣的话，那就可以采用主题模式或沉浸模式；如果教学的目的是让学生通过二语来掌握学科知识，那附加模式或保护模式则更为适宜。但它们之间的界限也并非不可逾越，相反，教师可以根据教学对象、教学目标和教学情境的不同而灵活选择。

张老师：

刘教授，您对我根据 CBI 教学原理设计的这个课例有何评价？

刘教授：

　　小张，你的这个课例比较充分地体现了学科内容和语言教学有机融合的特点，寓语言能力的训练于地理知识的学习之中，达到了语言能力和学科知识共同发展的目的。另外，我觉得你在这节课中对语言能力和学科知识二者之间的关系把握得也比较到位。你围绕经纬度这个核心概念，设计了一系列的词汇和结构训练，让学生在扩大知识面的同时，也掌握了相关词汇知识和语言结构的表达方法，达到了双赢的效果。

张老师：

　　刘教授，我最后还有一个问题。作为中学英语教师，我们怎样才能有效地运用 CBI 来教英语呢？

刘教授：

　　CBI 的教学方法介绍到我国的时间不长，很多教师对它还不是很了解，但实际上，教师在教学设计和课堂教学实践中都或多或少地应用了 CBI 的教学理念，只是自己没有意识到罢了。所以，首先不要觉得 CBI 教学是什么深奥的东西，其基本教学理念是可以为广大教师所认同和接受的；其次，教师要有跨学科整合的意识，勤于学习，广泛汲取其他学科的营养，只有具有广博的知识视野，才能在教学中左右逢源，把其他学科的"内容"引入外语课堂；最后，教师的目标意识要强，心中必须明确自己的 CBI 教学是以语言为主，还是以学科为主，不能本末倒置。

张老师：

　　谢谢刘教授，您的讲解让我茅塞顿开，豁然开朗。

延伸阅读：

Cummins, J. 2008. BICS and CALP: Empirical and theoretical status of the distinction [A]. In Street, B & N. H. Hornberger (Eds.). *Encyclopedia of*

Language and Education, Second edition, Volume 2: Literacy [C]. New York: Springer Science + Business Media LLC, 71–83.

Grabe, W. & F. L. Stoller. 1997. Content-based instruction: Research foundations [A]. In Snow, M. A. & D. M. Briton (Eds.). *The Content-Based Classroom: Perspectives on Integrating Language and Content* [C]. New York: Longman, 5–21.

Stoller, F. L. 2004. Content-based instruction: Perspectives on curriculum planning [J]. *Annual Review of Applied Linguistics*, 24(1): 261–283.

Stryker, S. B. & B. L. Leaver (Eds.). 1997. *Content-Based Instruction in Foreign Language Education: Models and Methods* [C]. Washington, D. C.: Georgetown University Press.

袁平华. 2006. 依托课程内容进行外语教学之理据及教学元模式探究 [J]. 学位与研究生教育，3: 31–36.

第十一章　词汇法

通过本章学习，你将能够：

● 了解词汇法教学思想发展的社会历史背景

● 理解词汇法的理论基础、核心概念和教学理念

● 初步掌握词汇法的课堂教学过程和操作步骤

● 正确认识和评价词汇法在教学思想发展史上的地位

第一节　方法概述

受语言学界句法中心论思想（如结构主义和生成语法理论）的影响，语言系统被看作是语法和词汇的二分体系：语法是语言系统的规则框架，词汇则是用于填充框架的单词集合。在这一体系中，语法结构被赋予首要的地位，词汇则只用来说明语法的意义和范围，居次要地位。因此，以语法为中心的教学法长期以来在英语教学中占主导地位。这种教学方法强调对句子结构与规则的掌握，而把词汇教学置于第二位，认为它只是语法教学的补充。

词汇法教学由上个世纪 80 年代以来逐步形成的词汇学派提出，代表人物有刘易斯、纳廷革（J. R. Nattinger）等，它是一种与传统的以语法为中心的教学方法（我们姑且称之为语法学派）相对立的教学方法。与语法学派相反，词汇学派强调词汇及短语在语言习得中的作用。他们认为语法应服务于词汇，而不是词汇服务于语法。正如英国语言学家威尔金斯（D. A. Wilkins）所言："没有语法，能表达的意思不多；而没有词汇，则什么也表达不了。"当然，这里所说的词汇也不同于传统语法学派对词汇的认识。词汇法对词汇（vocabulary）与词语（lexis）做了严格区分，认为词汇是指传统意义上的、具有固定意思的单词集合，而词语不仅包括单个的词，还包括语言使用者大脑中所储存的短语

(word combinations)。词汇学派认为，语言正是由这些有意义的短语块（chunks）组成的，这些短语块连在一起就构成了语篇。研究表明，本族语使用者的大脑中储存了大量的短语块，这种由预先制成的模块构成的语言（prefabricated chunks）形成了口语的主体。只有极少数的语言是即时"创造"的。

词汇法认为，语言的中心是由各种类型的词块组成的词库，词块的不同组合（当然是有机的组合，并非简单的连接）就形成了句子，进而组成连贯的篇章。学习者只要利用这些词块就足以创造性地运用语言，听懂或说出从来没有接触过的句子。

词汇法所指的词汇其实是广义的 lexis，而非通常意义上的vocabulary。而 lexis 又包含以下几个层次：

1. 词 / 单词，如：book。

2. 多词，如：by the way。

3. 搭配或共现词汇，如：community service, absolutely convinced。

4. 固定套语，如：I'll get it. / That'll do. / If I were you... / Would you like a cup of coffee？

5. 句子或语篇框架，如：That is not as... as you think. / The fact was... / In this paper we explore... / Firstly...; Secondly...; Finally... （Lewis，1993）。

如果说传统概念中的词汇（vocabulary）是砖块的话，词汇法中的词汇（lexis）则好比预制件，拼在一起就是一幢完整的房子。例如：If I were you, I'd stay at home. 根据一般的句法分析，它由两部分组成，逗号前是 if 引导的条件从句，逗号后面是主句；两个分句都属陈述句式，为S-V-O 语序；这个句子用了虚拟语气，时态为过去时，助动词 would 后直接跟动词原型；stay at home 所在的位置也可换成其他动词词组。而基于词汇法的分析则简单得多：If I were you, I'd... 是一个表示特定含义的引语，本质上是词库中一个独立的词块，因为在使用中通常不会出现If I were you, he'd... 之类的情况。

正是基于这种对词汇在语言产出中作用的认识，刘易斯在 1993 年提出词汇法（Lexical Approach），其核心观点为，语言是由语法化的词汇组成的，而不是由词汇化的语法构成的（Lewis，1993）。该方法将词汇和语法融合起来，词汇学习不再是单纯的词语学习，而是有着某种特定模式、兼有一定语法规则、形成适用于不同环境而又有特定意义的语言板块（即上文所说的预制件）的学习，这样可以提高外语学习的有效性。运用词块法教学的教师不会在课堂上分析目的语，而是倾向于将学习者的注意力集中于单词的组合，强调观察力、听力和重复的重要性，提高学习者的单词组合意识。由于词块是内化了的语言形式，学习者无需对词块进行分析就可直接使用，故而他们可把更多的精力集中在语言表达的意义和连贯性上。同时，词汇法对孤立、零碎的词汇和语法进行了整合，学习者通过对词块的整体提取和整体使用，避免了短文中出现的逐词输入、逐词输出的表达方式，从而可以解决学习者词汇搭配不当的问题，减少不合规范的表达方式，提高其语言表达的流畅性和地道性。因此，词汇法强调，在日常语言教学中，教师应以词块教学为主，注重对词汇的整存整取，培养学生的整体语言学习意识，进而提高学生的口头和书面语言表达能力。

以下为词汇法的一些核心教学理念：

1. 语言教学应强调成功交际，而非精通语法。

2. 语言是由语法化的词汇构成的，而不是由词汇化的语法构成的。

3. 语法／词汇二元对立并不成立；语言中存在很多由多个单词构成的"语块"。

4. 语言教学的核心要素是提高学生成功"组装"语言的意识和能力。

5. 要用"观察—假设—验证"（Observe–Hypothesize–Experiment）代替"呈现—操练—产出"（Present–Practice–Produce）的教学范式。

6. 语言的核心隐喻应是整体的（有机体），而非原子的（机器零件）。

7. 教学应注重培养学生的语言接受能力，特别要强化其听力能力。

这一理论主要有两个特点：第一，对词汇和词汇组块的重新认识，来自交际法语言教学理论的支持以及来自语料库语言学的支持；对词汇组块的认识是词汇法的核心，交际法的基本语言教学观和一些语言教学原则在词汇法中也得到了承袭和发展。第二，语料库语言学的发展使人们可以根据大规模语料库中的词语出现频率，确定短语、固定搭配和其他反复出现的语块；词汇法对语块的识别和统计也有赖于语料库语言学的支持。

阅读与思考：

- 词汇学派和语法学派的语言教学立场有何不同？
- 词汇法教学的核心理念是什么？
- 什么是词块？该概念在词汇法中扮演什么角色？
- 词汇法是一种词汇教学方法，还是一种语言教学方法？

第二节　典型课堂

赵老师走进教室，向学生问好，接着上课开始。赵老师首先给学生出示了六张卡片，让他们为每张卡片找一个单词，填到卡片的空格中，组成短语：

_____ a nap	_____ rid	_____ faith
_____ a shot	_____ lost	_____ one's patience
_____ a clue	_____ away	_____ interest
_____ a word	_____ over	_____ one's job

_____ alone	_____ guilty	_____ one's clock
_____ sth. be	_____ like	_____ the world
_____ live	_____ cold	_____ the table
_____ down	_____ great	_____ the corner

学生开始忙碌起来，很快就为每张卡片找到了合适的词，如 have, get, lose, let, feel, around 等，这些词与卡片中的单词构成了完整的短语。赵老师让学生说出这些短语的意思。他们很快说出了大部分短语的意思，但是对 get rid, around the table, around the corner 等短语的意思还不太明白，赵老师于是一一做了解释。同时，赵老师告诉学生，他们刚刚填空用到的几个词，如 have, get, lose 等，都是英语中非常活跃的词，搭配组词的能力较强，而这类词组成的搭配形式，又往往是口笔语中使用频率较高的表达形式。

这个词块教学的热身活动做完以后，赵老师宣布本课时学习的主要内容是一篇关于健康饮食的文章，题目为"We are what we eat"。赵老师导入课文的办法与以往的课文教学有所不同。他让学生快速阅读课文，并把与本课文核心词汇 DIET 有关的搭配找出来，填在下图上：

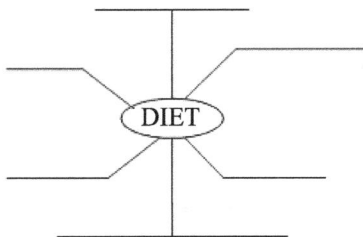

大家很快在课文中找到了 healthy diet, live on diet, balanced diet, daily diet, poor diet, change diet, low-calorie diet 等，并将之填在图上。

接下来，赵老师让班上的一名同学利用教室里联网的计算机，登录 Just the Word 网站（http://www.just-the-word.com），输入关键词 diet 进行查询。计算机返回了如下结果：

jtw

| | combinations | alternatives from thesaurus | alternatives from learner errors |

⭐ View in Wordle

diet (Noun)

V obj *diet*

cluster 1
eat diet (64)
feed diet (18)

cluster 2
put on diet (21)
stick to diet (16)

cluster 3
change diet (27)
vary diet (12)

cluster 4
live on diet (14)
survive on diet (11)

unclustered
follow diet (37)

diet (N)
V obj *diet* , e.g. eat diet
diet subj V , e.g. diet consist
ADJ *diet* , e.g. healthy diet
N *diet* , e.g. staple diet
diet PREP , e.g. diet for
diet V , e.g. diet containing
diet N , e.g. diet coke
PREP *diet* , e.g. on diet
N PREP *diet* , e.g. part of diet
ADJ PREP *diet* , e.g. such as diet
diet and N , e.g. diet and exercise
article *diet* , e.g. a diet

phrase (nn) nn is the frequency of usag
━ Good Word Combinations
━ Bad Word Combinations
━ Similarity of meaning
.word - Means singular noun only

diet subj V

unclustered
diet consist (18)
diet contain (11)
diet help (16)

ADJ *diet*

cluster 1
balanced diet (90)
sensible diet (19)
well-balanced diet (11)

cluster 2
average diet (13)
normal diet (45)

cluster 3
low diet (40)
poor diet (37)

unclustered
daily diet (27)
elemental diet (19)
fat diet (25)
free diet (36)
good diet (47)
healthy diet (106)
low-calorie diet (12)

150

赵老师让全班同学浏览这些与 diet 有关的搭配，并记下自己不甚明了的搭配。有位学生说她不知道 put on diet 的意思。赵老师并没有立即加以解释，而是在这个网站上打开了 put on diet 的链接，计算机返回了如下结果：

```
jtw    Help   Home   PLEASE DONATE
                   [ combinations ] [ alternatives from thesaurus ] [ alternatives from learner errors ]
A1X - 00121      More patients with various illnesses were put on the diet, and good results were reported.
BOX - 001377           He sees the dietitian, is put on a diet and is instructed in urine testing.
BM1 - 000088                        He put her on an elimination diet, and within two we
BM1 - 000296           This patient was put on a yeast-free diet, and given a second psyc
BM1 - 000428  a and wind might be due to Candida infection, she put her on an anti-Candida diet and a course of a
BM1 - 001001                     He put Louisa on a diet which excluded all sugar and
C8U - 000577    Q My 15-month-old Belgian Shepherd was put on Hills Science Prescription Diet owing to c
C8U - 000944  suffering from a bit of diarrhoea - but had been put on a milk diet which would soon clear it up.
C94 - 000238            If we were to put you on a slimming diet providing you with 1,5
C9V - 000225  s problem suggested a possible allergy and he was put on a simple allergy-exclusion diet consisting
CB8 - 000502  learn: when patients with high blood pressure are put on a low-sodium diet, within six to eight wee
CCA - 00038                         Mother put me on this awful diet.
CEE - 000866             I was put back on the diet designed to 'build me up'.
CHA - 004672               Arrest me and put me on a diet fast!
CK4 - 001722  he can play that night's gig at CBGB's, but he is put on a special diet for three weeks - with stri
FEX - 001625             In fact, my doctor even put me on a diet.
G1U - 000374  inson, by hook or by crook, although I'll have to put Mashona on a diet before you see him - he's s
G36 - 001777                  They put Odette on a rigid, six-month diet and after 1
J1F - 002274          I'm forever putting him on diets but he just runs straight ro
K2F - 000049             They are put on special diets and must be in tip-top shape
KB1 - 005111            He keeps telling me he's gonna put me on that Micro Diet again.
KCN - 004890             have they put her on a diet?
End
```

Content from the British National Corpus

虽然在这个查询结果中包含了很多学生不认识的单词，但从这些例句中，他们很快猜出 put... on a diet 的意思是"节食减肥，只吃规定的食品"，还从中看出了这个短语经常用在被动句中。

然后，赵老师又让学生从网站上 diet 的搭配列表中，把该词组合最多的动名和形名两组搭配形式找出来，即 *V* obj *diet* 和 *Adj* *diet*，并填在下列表格中：

V	*Adj*	*N*
eat	balanced	
feed	poor	diet
put on	healthy	
…	…	

接下来，赵老师让全班同学再次阅读课文"We are what we eat"，并将文中的搭配词块找出来。作为示范，赵老师和学生一起寻找第一段的搭配词块。课文的第一段如下：

The prime mover of life is food and for this reason it is essential to pay attention to what you eat. Unfortunately, nowadays the pace of society makes people eat and drink fast in order to be on time. This explains the great success of fast food! All these bad habits have significant consequences on our health and can cause problems such as obesity and heart attacks. On the contrary modern food culture also creates opposite problems, such as anorexia, that are caused by the wrong models of "beauty" that media transmit. It is doubtlessly true, however, that we are what we eat.

全班同学在赵老师的指导下开始逐句寻找其中的固定搭配，刚开始他们找出来的几乎全是固定搭配，如：for this reason, pay attention to, in order to, on time, on the contrary 等。赵老师提醒他们也要留心半固定搭配，如 the prime mover, it is essential, the pace of society, fast food, bad habits 等。

然后，赵老师让学生两人一组，就自己的饮食习惯展开对话，并尽量使用课文中以及他们在表中列出的搭配形式。有了这么多已经熟悉的"语块"做铺垫，学生的对话进行得很顺畅。

最后，赵老师给学生布置了一篇作业：访问 http://www.just-the-word.com，查询本单元的另一个核心词 food 的搭配形式，做好摘抄笔记，并在此基础上写一篇题为"My eating habit"的小作文。

阅读与思考：

● 这个课堂案例与你对词汇法的理解有何异同？最大的不同在哪个环节？

● 比起其他一些更为"主流"的教学方法（如听说法或基于任务的教学法），词汇法给教师带来了哪些新的挑战和困难？

第三节　案例解析

课堂教学实践	词汇法的教学理念及原则
赵老师首先给学生出示了六张卡片，让他们为每张卡片找一个单词，填到卡片的空格中，组成短语。	很多教师理解的词汇教学就是"单词"教学，即按照词汇表依次一个个讲授词汇，这其实是对词汇教学最大的误解。词块教学的优势之一就是在有限的工作记忆容量范围内，处理更大的语言单位（语块），从而提高语言学习的效率，保证语言的地道性和流利性。
赵老师告诉学生，他们刚刚填空用到的几个词，如 have, get, lose 等，都是英语中非常活跃的词语，搭配组词的能力较强，而这类词组成的搭配形式，又往往是口笔语中使用频率较高的表达形式。	传统的语言教学法强调大量记单词、背语法，一味地往大脑中输入彼此不相联系的语言项目，但是，这样提前存储在大脑中的词汇语法信息需要重组。从语言处理的角度讲，这样非常不经济。通过对本族语话语的研究，语言学家发现，本族语者的语言之所以流利，是因为他们 80% 以上的话语是通过语言中 20% 的词汇所构成的语块表达出来的。从这一意义上讲，语言的流利性是以活用语言中使用频率较高的预制语块来实现的，而非简单的"熟能生巧"。
他让学生快速阅读课文，并把与本课文核心词汇 DIET 有关的搭配找出来。	利用核心词汇的各种搭配形式，能提高学生对核心话题的熟悉度，也有利于扩展学生的核心词汇，提高其表达能力，达到"一石二鸟"的效果。
接下来，赵老师让班上的一名同学利用教室里联网的计算机，登录 Just the Word 网站（http://www.just-the-word.com），输入关键词 diet 进行查询。	词汇法与语料库语言学有一种天然的联系，词汇的使用频率以及常用的搭配形式，都可以借助语料库技术来获取。Just the Word 网站可以用最直观的方式，对英国国家语料库（British National Corpus）的查询结果进行二次加工，将核心词的各种搭配以列表的方式呈现出来，是查询和学习英语搭配的好帮手。

（续表）

课堂教学实践	词汇法的教学理念及原则
有位学生说她不知道 put on diet 的意思。赵老师并没有立即加以解释，而是直接在这个网站上打开了 put on diet 的链接，计算机返回了查询结果。	借助于语料库，教师可以不必解释某个搭配的意义或用法，而是让学生通过语料库关键词语境检索（Key Word In Context，简称 KWIC）功能，通过观察关键词在若干例句中的用法及意义，自己体味语块的构成、用法、意义及使用语境。在这里，赵老师采用了数据驱动学习（Data-Driven Learning，简称 DDL）的理念和方法。
赵老师让学生从网站上 diet 的搭配列表中，把该词组合最多的动名和形名两组搭配形式找出来，即 V obj *diet* 和 Adj *diet*。	通过拼接小的语块可以组合成更大的语块。根据组块记忆理论，一个单词和一个语块在大脑中所占用的认知资源其实一样的，但因为语块在单位记忆组块中包含的内容更丰富，单词数量更多，所以能更有效地利用大脑的记忆容量，提高记忆效率，同时保证语言的地道性和流畅性。
全班同学在赵老师的指导下开始逐句寻找课文中的固定搭配，刚开始他们找出来的几乎全是固定搭配，赵老师提醒他们也要留心半固定搭配。	从某种意义上说，词汇和语言结构是一个从完全自由到完全固定的词汇组合的延续体，在词汇和句法之间存在着许多同时兼具词汇和句法特征的半固定结构。这种半固定搭配结构在语言中的能产性非常强，也应当同固定结构一样被作为一个整体来教与学。如果那些本应作为整体的半固定式形式被拆散了，需要时再根据语法规则临时组装，那么交际的流利程度势必受到影响，语言运用的准确程度也会大打折扣。
赵老师让学生两人一组，就自己的饮食习惯展开对话，并尽量使用课文中以及他们在表中列出的搭配形式。有了这么多已经熟悉的"语块"做铺垫，学生的对话进行得很顺畅。	词汇法的教学理念可以应用于语言教学的各个侧面。从这种意义上讲，我们不应该把词汇法单纯看作一种词汇教学的方法，它实际上是一种语言教学的方法。

第四节　理论链接

词汇法的理论基础主要有认知心理学家乔治·米勒（George Miller）提出的组块理论以及语言学研究中的程式化语言理论。此外，数据驱动学习也是词汇法的重要理论来源。

理论链接之一：组块理论

组块理论（Chunking Theory）最早是由米勒在 1956 年撰写的经典论文 "The magical number of seven, plus or minus two: Some limits on our capacity for processing information"（《神奇的数字 7±2：我们信息加工能力的局限》）中，从信息加工的角度提出的（Miller，1956）。组块理论认为，当外界信息通过感官进入记忆系统，记忆系统中的短时贮存系统就会对信息进行有意识的处理。实验表明，短时记忆贮存系统一般接收 7±2 个记忆单位，也就是说，如果我们去记一些无关的单位，一次大约能记住五至九个单位，而且单位越多越不容易记忆。这个单位就是组块，它既可以是字母，也可以是单词、词组，甚至句子。心理学家通过大量的实验得出结论：改变组块的容量可以增加记忆容量。比如，我们一个字母一个字母地去记 Mississippi，需要记住 11 个组块；而将其分为 Mi—ssi—ssi—ppi，只需记住四个组块；如果学习者了解这个词来源于法语的词根 mshi-(big) 及 ziibi（river），则只需记住两个组块，大大提高了记忆的效率。由此可见，组块具有两个显著特点：第一，扩容性，即短时记忆信息可以通过加大每一组块的容量得到扩充和提高；第二，差异性，即组块内部组织水平是不同的。换言之，对信息再编码的方式不同，相应的组块所包含的信息量也不同。根据个人的经验对记忆材料中孤立的项目（较小的组块）加以组合而形成更大组块的思维操作过程被称为"组块化（chunking)"。组块化实际上是一种信息的组织或再编码，是信息的建构和综合的过程。组块化是记忆活动中最重要、最基本的方法，它能转换记忆单元，将较小的记忆材料组合成较大的记忆单元。这样就能扩大短时记忆的容量，提高记忆效果。

语言的记忆／储存和输出／使用并不是以单个词为单位的，那些固定和半固定的模式化"组块"结构才是人类语言交际的最小单位。因此，许多语言学家认为，词汇和句法之间并不存在范畴上的差异，相反还有着不可分割的联系。他们认为，词汇和语法结构是一个从完全固定到完全自由的词汇组合的延续体，即在词汇和句法之间还存在许多同时兼有词汇和句法特征的半固定结构，即词汇法中所说的语块。语块是预先搭配好了的语言构件，具有"整存整取"的性质。它可以帮助语言学习者减轻大脑的解码负担，加快大脑的检索和提取语言的速度，从而提高语言处理和语言学习的效率。同时，语块是以整体形式被学会并保存在长时记忆中的范例，具有可及性、板块性和真实性。在特定语境中灵活运用语块，有利于提高语言表达的流利性和地道性。

理论链接之二：程式化语言

我们知道，语言是一个双重体系。一是以规则为基础的分析体系，由单词和有限的语法规则构成，相对封闭；二是以记忆为基础的套语（即程式语）体系，由具有交际功能的语块组成，相对开放。前者抽象性高，灵活性强，占据长期记忆的空间小；后者则能很快地从记忆中提取出来，满足即时交际的需要，使语言准确、流利、地道。这两个体系相辅相成，都是语言学习和使用不可或缺的成分。语言学习的目的是掌握斯基汉所说的"双模式系统"（Dual-Mode System）：一是掌握语言的一些预制件，即固定的词组和句型，这是以范例为基础的系统(exemplar-based system)；一是运用所掌握的语言知识生成和创造句子来表达思想，这是以规则为基础的系统（rule-based system）（Pawley，1992）。

程式化语言（Formulaic Speech）是语言中一种特殊的多词词汇现象，介于传统的语法和词汇之间，通常是固定或半固定的模式化了的块状结构。这类语言常以整体的形式储存在语言使用者的记忆里，使用时直接从记忆中整体提取，无需经过语法的生成和分析。

程式化语言的研究对二语教学具有重要的启示：

1. 语言交际主要建立在不同类别的程式化语言上。语言使用者大量使用储存在记忆中的预制形式，所使用的语言大多数是自己或者别人使用过的。

2. 程式化语言具有固定性和半固定性，在多数交际场景中是可预料的，因而可以被熟记。

3. 程式化语言通常由较大的词块构成，有时甚至是整个句子。记忆程式化语言比单独记忆词汇更容易，具有"记得多、记得快"的优点，从而提高语言使用者语言学习、处理和运用的效率。

理论链接之三：数据驱动学习

数据驱动学习（Data-Driven Learning）于 20 世纪 90 年代由约翰斯首次提出，是一种基于语料库数据的新型外语学习方法。约翰斯认为，"语言学习者从根本上看也是研究者，他的学习需要被对语言资料的获取而驱动——因此用'数据驱动学习'这个术语来描述这一方法"。这种语言教学方法"让学生自己用语词索引软件去查询本族语者口语或书面语语料库，给他们提供语言使用的真实样例，而不是一些语法书中设计出的例子"（Johns，1994）。它的主要思想是指引语言学习者充分利用网络和语料库资源，通过观察和分析大量客观真实的语料，发现语言的语法规则、意义表达及语用特征，积极主动地解决问题。这种学习模式的特征可以归结为四点：1. 以学生的自主学习为主；2. 以真实的语言为主要输入语言；3. 强调探索和发现的学习过程；4. 主张自下而上、归纳式的学习（Johns，2002）。

第五节　对话交流

赵老师系统地学习了词汇法的相关理论，他对这一方法表现出了很大的兴趣，并在这种教学理念的引领下，呈现了一节词汇法的教学课例。同时，他对这一方法还有些疑问和困惑。带着这些疑问和困惑，他特地访问了语言教学专家魏教授，共同探讨了一些与语言教学相关的问题。

赵老师：

魏教授，您好！我查阅了有关词汇法教学的资料后，对这一方法很感兴趣，并且觉得这种教学方法很有用，但是操作起来又不好把握。我设计了一堂词汇法的课例，不知道设计得是否合理？

魏教授：

小赵，你设计的课例我看过了，我觉得这个设计比较符合词汇法的教学理念。词汇法教学强调，学习外语的目的是为了能用目的语进行交际。课堂交流就是提供一个语言使用的环境，能够帮助学习者流利地使用语言。学习者的语言知识体系是由各种词块构成的语库，而不是语法规则和一堆单词，课堂上的替换讲解就是让学生学会怎样利用这些词块构成更大的语言单位。另外，你在课堂上运用语料库技术将词汇法与数据驱动学习的理念有机地结合起来，也是本课例设计的一大亮点，更有效地体现了词汇法的教学理念。

赵老师：

谢谢魏教授对我的教学课例的肯定，在设计课例时我还有些疑问，比如，有什么模式或者原则能够帮助我们设计一堂课？

魏教授：

词汇法学习是一个"观察—假设—验证"的过程，首先给学生提供观察发现词块的机会，然后让他们自己去假设，最后再让他们在验证假设中发现语言规律，提升语言的运用能力。在教学中还要注意把教学重心从语法向词汇转移，鼓励学生根据自己的兴趣和需要，大量吸收有用的词汇，有意识地提高自己对词汇和词块的敏感性。教师要加强引导，启发学生的输出意识，鼓励学生用学到的词汇与相关知识表达思想。同时，教师要尽可能多地为学生创造输出机会，避免脱离语境的机械性练习，加强以信息交流为目的的输出活动。

赵老师：

具体应该怎么定义"词块"这个概念呢？

魏教授：

词块是指语言中出现频率高、可以整体储存或提取的词语构式，是介于语句和词汇之间的一种特殊语言现象。词块的表达式是一个从固定到半固定的连续体，从词汇层面到句子层面，自由度依次增强，这也为使用者灵活运用词块提供了可能性。

赵老师：

魏教授，您觉得用词汇法教学有什么优势呢？

魏教授：

首先，词块是词汇记忆的理想模式，词汇法降低了语言习得的难度。这主要基于两点：第一，词块是以词组甚至句子的形式出现，并且结合了特定的语境，学习者在真实的情境中理解并记忆单词比在脱离语境的情况下更容易，并且不易遗忘。第二，由于词块的语境依附特征，当学习者处于相似情境下，便能联想到相关的语言表达程式，可以直接拿来使用，或根据情境灵活加工使用，从而提高语言的输出效率。

其次，词汇法有利于促进学生语法知识和实际语言应用能力的平衡发展，提高语言理解和产出的流利程度。语言的流利程度取决于学习者大脑中储存了多少词块，而非多少语法知识。这些语言的预制块提取方便，说话者不必再进行语法组合，省时省力，使他们得以把注意力从单个词汇和语法运算转移到整体语篇层次上。因此，词汇法有利于促进学生语法知识和实际语言应用能力的平衡发展，提高其理解力和表达的流畅性。

最后，词汇法有利于最大限度地克服母语负迁移的影响，提高表达的地道性与准确性。受传统语言观念和教学法的影响，学习者在进行翻译、写作、口头表达等语言输出活动时，往往从汉语的角度思考并寻找对应的英语词汇进行组合，如此产出的句子可能符合语法规范，却往往不地道或不符合规范，甚至是错误的搭配。词汇法主张首先培养学习者的词块意识，即把词块作为语言学习的基本单位来记忆和使用。这些现成的组合使学生最大程度上避免了母语负迁移的干扰，从而提高了表达的地道性与准确性。

赵老师：

谢谢魏教授！

阅读与思考：
- 简述词汇法的教学模式。
- 影响词汇法的教学方法有哪些？它们是如何施加影响的？

延伸阅读：

Johns, T. 1994. From printout to handout: Grammar and vocabulary teaching in the context of data-driven learning [A]. In T. Odlin (Ed.). *Perspectives on Pedagogical Grammar* [C]. Cambridge: Cambridge University Press, 293–313.

Lewis, M. 1993. *The Lexical Approach: The State of ELT and a Way Forward* [M]. Hove: Language Teaching Publications.

Lewis, M. 1997. *Implementing the Lexical Approach: Putting Theory into Practice* [M]. Hove: Language Teaching Publications.

Pawley, A. & F. H. Syder. 1983. Two puzzles for linguistic theory: Nativelike selection and nativelike fluency [A]. In Richards, J. C. & R. W. Schmidt (Eds.). *Language and Communication* [C]. New York: Longman, 191–226.

陈伟平. 2008. 增强学生词块意识 提高学生写作能力 [J]. 外语界，3: 48–53.

钱瑗. 1997. 对 COLLOCATION 的再认识 [J]. 外语教学与研究，3: 46–50.

沈敏瑜. 1999. 词汇法———一种新的教学路子 [J]. 外语界，3: 27–31.

第十二章　后方法

通过本章学习，你将能够：
- 了解"后方法"的概念及背景
- 理解"后方法"的核心概念和教学理念
- 初步掌握"后方法"的教学策略
- 正确评价"后方法"在外语教学思想发展史上的地位

第一节　"后方法"的概念与背景

通过本书前面各章的讨论可以看出，外语教学思想史，在某种意义上讲，就是一部教学方法的演进史。对"万应灵药式"最佳教学方法的追寻和追捧，成为主导外语教育思想发展的"主旋律"。在这种方法情结的支配下，各种新的外语教学方法纷至沓来，其中仅在上个世纪的一百年间，就涌现出十余种具有全球影响的教学方法，如语法翻译法、直接法、听说法、视听法、认知法、交际法、暗示法、自然法、沉浸法等，如此种种，不一而足。

早在上世纪后半叶，在见证了种种方法的诞生、消亡、重生的循环之后，一些有识之士就已经开始对这种"专家生产方法，教师消费方法"的方法至上的神话产生了质疑。在考察了 2500 年的语言教学史后，凯利（Kelly，1969）感叹道："本世纪很多标榜为具有革命性的教学理念，只不过是先前教学思想和程序的重新思考和命名。"英国应用语言学家欧怀特（Allwright，1991）在谈到现有教学方法的效果时，称之"基本无甚帮助"，并且宣告"方法已死"。这一趋势也得到了旨在检验方法有效性的实证研究的佐证。例如，20 世纪 60 年代中后期，在美国有一项大型的语言教学研究项目——"宾州项目"（Pennsylvania Project），历时四年，涉及 58 所高中的两千多名学生。该项目的研究结果表明，研究者非但没有得到当时盛行的听说法优于传统教学方法的证据，相反，在阅读与听力等测量指标中，采用传统外语授课方法的班级，成绩还明显高于采用听说法的班级。

在此背景下，越来越多的研究者重新检视以方法为中心的研究范式。他们认为，方法概念对语言学习和教授只能产生有限的约束和影响，方法不应被视为唯一有理论价值和实践意义的概念建构；如果摆脱了方法概念的束缚，人们对语言教学的理解也许还会更加全面深刻；一旦陷入方法话语的窠臼，我们对新的教学方法的探索和迷信也就无休无止了。这种对方法范式困境的反思，逐渐催生了"后方法"时代的来临。

1983 年，加拿大语言教学专家斯特恩在其《语言教学的基本原理》（*Fundamental Concepts of Language Teaching*）一书中，就已经预言了方法时代的终结。它把 20 世纪 70 年代称为摆脱方法的时代，因为此时的语言教学研究的重心已经从研究"如何教"转到了研究"如何学"，并从"语内—语际（intralingual–interlingual）、显性—隐性（explicit–implicit）、分析—体验（analytical–experiential）"三个维度，对语言教学思想进行了系统的梳理，这成为"后方法"思想的先声（Stern，1992）。欧怀特（1991）则从教师发展的角度阐发了"后方法"教学的思想。1994 年，印裔美国学者库玛教授(B. Kumaravadivelu) 第一次提出了"后方法"这一概念，并在其后来发表的一系列著述中进一步阐明了这一概念的具体内涵。目前，这一概念已经被外语教育界广泛接受，并成为理解外语教学思想"时代精神"的核心语汇之一（董金伟，2008）。

同时，我们从本书所讨论的各种外语教学流派和方法本身的名称变迁中，也不难看出外语教育界方法意识的逐步淡化。20 世纪 50 年代以前的教学方法（如语法翻译法、阅读法、直接法、听说法等）都贴上了"方法"(method) 的标签。50 年代至八九十年代的方法（如认知法、交际法、自然法、词汇法等）都不约而同地使用"途径"(approach) 一词。其中，交际法在有些文献中要么用"途径"一词的复数形式(approaches)，要么直接用"交际语言教学"(communicative language teaching) 来指称，所指更加宽泛。进入 21 世纪，外语教育界则更倾向于使用"基于……式教学"来命名新的教学方法,如本书介绍的基于任务的教学法、基于项目的教学法、基于内容的教学法以及基于主题的教学法等。一般来说,"方法"倾向于规定相对严格的教学模式和具体操作程序,而"途径"或者"基于……式教学"则更注重宏观策略的指导和理念的引领,赋予了教师更多的自主权和灵活性。

"后方法"是在滥觞于 20 世纪后半叶的后现代主义思潮的大背景下出现的。我们知道,后现代主义思想的典型特征就是摒弃绝对价值和封闭的概念体系,倡导怀疑论的、开放的、相对主义的、去中心化和价值多元的研究范式。与此同时,语言学、应用语言学、第二语言习得、外语教师教育、语言教育技术等方法范畴之外的新兴学科和研究领域的兴起和发展,也为外语教育研究提供了丰富的话语体系和广阔的实践空间,并直接导致了方法范式的消解和终结。

这些思想反映在外语教学上,就是怀疑任何单一方法的有效性和普适性,强调教学法的多元性、开放性、相对性和特殊性。显然,"后方法"是对传统方法的批判、颠覆和反动。它解构了数世纪以来被奉若圭臬的外语教学方法体系,将教师从方法至上的桎梏中解放出来,在理论创新及教学实践上赋予了教师更大的自主性和灵活性。方法不再是教师做决策的唯一要素,而是和当地的语言政策、课程目标、学校资源、学习者需求与水平等因素一起,成为教师构建"后方法"教学所需的知识和实践资源。

阅读与思考:

- "后方法"是在什么社会背景和理论背景下产生的?
- "后方法"与传统教学方法(如听说法、认知法等)的最大差异在什么地方?

第二节 "后方法"教学策略

库玛教授的"后方法"理念，集中体现在十条宏观策略上（Kumaravadivelu，2002）。这些策略均来自和二语教学密切相关的理论、实证研究和教学法知识，以下我们逐项介绍。

策略一 学习机会最大化

该策略把教学看成是一个创造和利用学习机会的过程。教师既是学生学习机会的创造者，也是学生创造的学习机会的利用者。也就是说，教师既要给学生"预设"一些学习机会，也要敏锐地抓住课堂上由学生"生成"的学习机会。一方面，作为学习机会的创造者，教师需要在两个角色中把握平衡，即教学行为的计划者和学生学习行为的促进者。同时，学习机会最大化还包括教师根据课堂反馈对正在进行的教学计划加以调整，合理改变教学大纲的结构，以适应学生的需求和具体教学情景。另一方面，为了利用学生创造的学习机会，教师不能固守"教师就是教师，学生就是学生"的传统观念，因为在课堂上教师和学生都是课堂活动的贡献者，课堂话语的产生是师生合作的结果，教师不能忽视其他参与者对课堂学习机会的积极贡献。

策略二 教学理念透明化

一般来说，交际就是一个逐渐减少不确定性的过程。换言之，人类的每一次交际活动都有可能包含歧义，在外语课堂上尤其如此。因此，无论外语课堂的设计如何巧妙、操作如何规范，都会出现教师意图和学生理解发生错位的现象。课堂活动带来的学习效果很大程度上不仅仅取决于教师的备课程度和教学意图，更取决于学生的理念以及他们对教师意图的理解程度。因此，必须密切关注造成教师意图与学生理解发生错位的潜在因素，进而采取相应的措施加以消除。根据库玛教授的观点，造成教师意图不能完全被学生理解的潜在因素有十个：认知因素、交际因素、语言因素、教学因素、策略因素、文化因素、评价因素、程序因素、授课因素、态度因素。教师如果在教学活动中能够清醒地意识到上述理念，并明确告知学生，就可以有效地介入课堂活动，及时地解决学生的困难，促使课堂活动顺利进行。

策略三　语言输入语境化

外语学习的研究成果表明，句法的学习受到语用知识的限制，学习者产生的语言形式依赖于语篇内容。为了顺畅地表达信息，不能把句法、语义和语用特征作为孤立的语言组成部分去理解，因为孤立地介绍分离的语言项目会导致语言学习和语言运用失谐，剥夺学习者使用必要的语用线索的机会，增加意义形成的难度。所以在教学过程中教师要把语篇整体输入，促进语言输入的语境化，以便学习者从语篇和语言内部系统的交互效果中受益。

策略四　语言技能综合化

打破语言知识和技能范畴之间的壁垒，将语言作为一个完整的有机体来教授，是"后方法"的又一重要特征。这一理念在全语言教学中得到了最充分的体现。"后方法"认为，语言的各种技能在本质上是相互关联和促进的。人为地把它们分割为听、说、读、写等单项技能，并且孤立地去训练，无论在理论上还是在实践上，都缺乏合理性。此外，任何一种语言技能的学习和应用都可以激发学习者对其他语言技能的认知和使用。仅以阅读为例，大量的阅读是发展阅读理解能力、认识写作风格、扩充词汇量及提高语法水平的主要手段。此外，整体语言教学法启示我们，只有把语言作为一个整体去学习和使用，才能达到提高语言知识和能力的最佳效果。同时，为了提高语言教学的效果，还要综合使用各种语言技能，而不是将其割裂开来。

策略五　激活直觉探索

在外语教学环境下，很多教师喜欢讲解语言规则。结果，学生可能明白了规则，但仍不会使用规则，无法理解或产出符合规则的语言。个中原因在于，教师无法通过周密的分析和清晰的解释向学生完整地传授外语的语法结构知识。只有通过设计合理的课堂活动，提供足够的语篇信息，创造丰富的语言学习环境，才能激发学习者的直觉探索本能，促使他们自行推知蕴涵其中的关于语言形式与功能的特定规则。我们知道，大量的语言和篇章信息不是通过规则直接表达的，而是通过举例间接表达的。因此，教师应鼓励学习者通过例子发现语言规则，而不是通过讲解使学生"懂得"和"明白"规则。通过反复接触语言结构，观察语言设计，学习者可以归纳出语言在不同情境中的意义（包括结构、词汇及社会文化等方面的意义）。无论学习者的语言水平如何，这样的自我发现在他们理解、记忆和学习语言的过程中都发挥着至关重要的作用。

策略六　促进协商互动

该策略是指在课堂上促使学生之间、师生之间进行有意义的互动。要使学生自由、灵活地发起和引领课堂话语，而不只是对教师的话语做出反应。协商互动意味着学习者积极投入课堂上进行的篇章活动、人际活动和意念活动；教师则积极帮助学生把语言视为系统的、篇章的、具有思想体系的整体，并综合地加以理解和应用。外语学习者尤其需要协商互动的机会，以加速对所学语言的理解和产出。有关互动调适的研究表明，提供协商互动的机会是促使学习者超越现有的语言理解和产出能力的有效措施，同时还可以促使他们调整和重构与对话者的交流，直至达到相互理解的目的。与语言理解相对，语言产出也可以成为很好的促发器，迫使学习者主动关注语言形式与意义的关系。

策略七　促进自主学习

"后方法"视角下的学习者是自主学习者。要促进学习者自主学习，教师的首要任务是帮助他们切实对自己的学习负责，并使其改变学习态度。在这一过程中，教师应帮助学习者学会学习，具备必要的元认知策略、认知策略及社会情感策略，便于他们自主学习。同时，教师也要促使优秀的学习者提高对学习策略的认识，使其学习策略更加明晰和系统，如此也可让其他学习者在他们的带动下提高学习能力。此外，应该促进学习者的自主学习与学习策略训练的有机结合，以帮助学习者理解学习策略是什么、如何应用学习策略完成学习任务、如何监督学习过程以及如何评估学习结果等。

策略八　保证社会关联

外语教育不是孤立的教育活动，它深植于对其有深刻影响的宏观社会环境。外语学习和教学中都存在着一些与社会环境相关的问题，如外语学习的动机、目的，外语的作用，外语输入的可行性，外语输入的内容以及该语言社团所能接受的语言能力规范等。课堂学习不可能与社会环境隔绝开来。因此，与社会情境没有关联的教学是没有意义的。决定外语学习社会关联性的关键因素是学习目的和语言使用。不同的社会环境影响着外语在其中发挥的作用，因此，也在很大程度上影响着该语言的学习和使用。

策略九 提高文化意识

文化教学向来是外语教学不可分割的一部分。传统上，文化教学的目的在于培养外语学习者对目的语社群的文化认同，帮助学习者深入理解目的语文化和观念。但是在文化全球化的今天，文化教学应该有更高的目标，要着眼于提高学习者的全球文化意识和合作精神。因此，教师不是唯一的文化教学使者，学生也是文化教学的参与者，教师应鼓励他们参与课堂讨论，对他们带到课堂上的文化和知识应给予重视。教师和学生应分享各自对目的语文化的理解，特别是那些有着不同生活经历和生活方式的学生，他们的见解则显得尤为重要。这样的多元文化教学方法，有助于消除学生在跨文化交际中遇到的误解和障碍。

策略十 培养学生语感

所谓培养学生语感，就是有意识地引导学生注意外语的形式结构特点，提高学生对语言结构的明晰程度。教师应提供旨在培养学生语感的学习策略训练，提高他们的学习效率，增强他们对外语的敏感性。

阅读与思考：

- "后方法"的教学策略是在广泛吸收其他教学流派和方法的基础上产生的。从上述十条"后方法"的宏观策略中，你可以看出哪些方法和流派的影响？
- 有人说"后方法"的宏观教学策略没有课堂操作性，你同意这种看法吗？

第三节 "后方法"的核心理念

如前所述,解构与颠覆唯方法论神话是"后方法"时代外语教学的最主要特征。但正是在有人宣称"方法已死"的时代,新的外语教学方法却如雨后春笋般不断涌现,如词汇法、全语言教学法、基于任务的教学法、基于项目的教学法、基于内容的教学法、基于主题的教学法等。如果孤立来看,这些方法各具特色,分别强调了外语教学方法的不同维度和侧面。但如果将这些方法作为一个共存于同一时代场域的方法群来看,就不难发现这些方法的交集和共核。从中梳理出最能体现我们这个时代精神的外语教学的核心理念和原则,可以深化我们对外语教学规律的认识,并为教师自主选择和构建方法提供理论前提和实践基础。

下面,我们将从语言观、教学观、学习观、教师观等方面梳理"后方法"时代外语教学方法的核心理念(武和平、张维民,2011)。

整体语言 意义优先——"后方法"时代的语言观 在语言学研究中,传统上把语言分解为音、形、义三个部分。受其影响,语言教学基本上也循着"语音—词汇—句子—语篇"这一由低级到高级语言单位的路径进行。但现代语言教学则颠覆了这一传统。交际法在上世纪70年代首先打破了句子本位的语言学思想对语言教学的统治,把语篇作为语言教学的基本单位,强调在语境中对语言意义与形式的整体把握;到了90年代,词汇法打破了词汇与句子之间的壁垒,将兼具词汇和句子特征的词汇组块作为语言教学的基本教学单位;全语言教学法则更是强调对目的语的整体感知。现代语言学也向我们昭示,语言中处于不同水平的语言单位并非彼此孤立,而是相互依存、相互联系的。人类在语言处理时,既有由低级单位到高级单位的线性处理过程,也有同时激活各个语言单位的并行处理过程。这种语言处理方式要求我们在外语教学中,首先在语篇层面整体呈现语言的全貌,突出语言的完整性、自然性和真实性,摒弃过细分析和任意肢解语言的做法,不要把语言知识和语言技能人为地割裂开来。

如前所述,形意之辩是贯穿整个外语教学史的一条主线。谁是这场争辩的最后赢家，目前尚无定论，但"意义优先，聚焦形式"的观点目前不仅得到了语言学习研究者的广泛认同，"后方法"时代的各种教学方法也不约而同地采取了"意义优先"的教学原则和策略，只是"聚焦形式"的程度有所不同。值得注意的是，这里所说的"意义"具有双重含义。我们知道，所有的语言符号都承载着某种意义。但现代外语教学思想所倡导的意义，并不仅仅局限于语言符号本身所承载的意义，而是指在课堂活动中涉及的语言形式，对学习者的生活经验世界来说，也是有意义的。唯有如此，交际双方才能在接近自然的语言交际环境中，进行意义协商，注意到哪些语言形式对交际造成困难，从而达到聚焦形式的目的。所以，教师设计的语言学习内容及活动，能否让学习者感到有意义，也是衡量外语教学活动有效性的一个尺度。

回归生活 体验实践——"后方法"时代的外语教学观 回归生活世界，创设真实语境，促进语言实践，是"后方法"时代外语教学方法群共享的精神气质。基于任务的外语教学倡导"在做中学"，将外语学习与学生的日常经验世界相联系；基于项目的外语教学把学生置于一种科学研究的情境中，让他们提高思维能力，并在分析和解决问题的过程中提高外语水平；基于内容的外语教学也力求促进学习者外语能力与学科知识的同步增长；基于主题的外语教学则让学生在探索一个个与生活紧密相连的领域的过程中，增长语言知识及语言使用能力。贯穿于这些方法的一个核心精神就是通过呈现真实的语言材料，把学生置于一种与现实生活世界相似的语言学习环境之中，倡导对学生现实生活、科学认知、情感体验和价值诉求的关照。它体现了外语课程所具有的工具性和人文性的有机统一。

注重实践是"后方法"时代外语教学方法所共有的另一个显著特点。这些方法主张让学生在完成任务中、在探究过程中、在认知和情感体验中提高语言技能和交际能力；强调"在做中学，在用中学"，把语言知识的学习和实践技能及认知能力的提高看作相辅相成的过程；提倡在语言教学中实现多维目标。传统上语言知识（语音、词汇、语法）与语言技能（听、说、读、写）之间的分野也被淡化了，相反，语言知识的学习与语言技能的训练被有机地融为了一体。有些学者甚至建议用语法技能（grammaring）的概念来取代传统意义上的语法（grammar）的概念，更加注重语法能力的培养，将其视为继听、说、读、写之后的第五项技能（Larsen-Freeman，2000）。

互动协商 合作探究——"后方法"时代的外语学习观　互动是现代语言学习理论的核心概念之一。第二语言习得的相关研究认为，外语课堂上的师生、生生互动能有效地给学习者提供更多的可理解性语言输入和输出，并凸显所学语言的形式特征，促进学习者之间的意义协商，师生互动过程中不断调整的话语又能及时充当类似于"脚手架"的中介作用，最终达成目的语语言和文化的习得及内化。互动的这些功能在"后方法"时代的外语教学法流派中都得到了充分的体现。例如，基于任务的语言教学和基于项目的语言教学，都是通过学习者之间的相互协作、言语互动及合作探究来完成任务或项目的。

赋权增能 自主决策——"后方法"时代的外语教师观　"后方法"时代打破了方法至上的神话和唯某一种方法独尊的迷信，取而代之以体现现代语言观、学习观和教学观的方法群。这一变化直接引起了由"教师被动接受方法"到"教师主动选择方法"的转变，要求教育决策者和领导者将方法选择的权力赋予教师，让教师利用个人的专业知识，自主选择适合本地教学情境的外语教学策略和方法。在这一过程中，教师被赋予研究者、实践者和教学决策者等多重角色，其本身的专业能力和素养也得到了提升。在"后方法"理论模式中，外语教学不再属于"劳动密集型"，而是属于"智力密集型"，教师也并非某种权威教学方法的忠实执行者，而更多的是选择或整合教学方法时的理论思考者和自主决策者。

"方法"这个概念在外语教学理论架构中，曾长期居于核心地位。进入"后方法"时代后，外语教学方法虽然不再享有唯我独尊的特殊地位，但如果无视语言教学研究者数世纪以来对外语教学方法孜孜不倦的探索成果，无视"后方法"时代外语教学方法依然百舸争流的繁荣景象，"后方法"只能是一个时髦而空洞的标签。梳理方法概念的历史脉络，把握"后方法"时代教学方法的主流和共核，重构"后方法"时代的语言观、学习观、教学观和教师观，是实践"后方法"语言教学理论和策略的起点和基础，也是在"方法—后方法"转型时期外语教学理论建构的必然选择。

阅读与思考：

- "后方法"是如何看待语言中形式与意义的关系的？
- "后方法"倡导合作探究、体验探索的语言学习方法。在语言规则的学习中如何运用这一教学理念？
- "后方法"的教师观对你自己的专业发展有何启示？

延伸阅读：

Howatt, A. P. R. 1984. *A History of English Language Teaching* [M]. Oxford: Oxford University Press.

Kelly, L. G. 1969. 25 *Centuries of Language Teaching* [M]. Rowley, Mass: Newbury House.

Kumaravadivelu, B. 2002. *Beyond Methods: Macrostrategies for Language Teaching* [M]. New Haven and London: Yale University Press.

Kumaravadivelu, B. 2006. *Understanding Language Teaching: From Method to Postmethod* [M]. Mahwah, New Jersey: Lawrence Erlbaum Associates.

Prabhu, N. S. 1990. There is no best method—why? [J]. *TESOL Quarterly*, 24(2): 161–176.

Stern, H. H. 1992. *Issues and Options in Language Teaching* [M]. Oxford: Oxford University Press.

成晓光. 2006. 后方法时代的外语教学法研究 [J]. 天津外国语学院学报, 4: 63–68.

董金伟. 2008. 后方法视角的外语教学：特征与要素 [J]. 外语教学理论与实践，1: 10–14.

武和平，张维民. 2011. 后方法时代外语教学方法的重建 [J]. 课程·教材·教法，6: 61–67.

参考书目

Allwright, R. 1991. The death of the method (Working paper #10) [Z]. England: The Exploratory Practice Centre, The University of Lancaster.

Asher, J. J. 1969. The total physical response approach to second language learning [J]. *The Modern Language Journal*, 53(1): 3–17.

Beckett, G. H. & P. C. Miller (Eds.). *Project-Based Second and Foreign Language Education: Past, Present, and Future* [C]. Greenwich, CT: Information Age Publishing.

Beretta, A. & A. Davies. 1985. Evaluation of the Bangalore Project [J]. *ELT Journal*, 39(2): 121–127.

Brinton, D. M., Snow, M. A. & M. B. Wesche. 1989. *Content-Based Second Language Instruction* [M]. New York: Newbury House.

Canale, M. & M. Swain. 1980. Theoretical bases of communicative approaches to second language teaching and testing [J]. *Applied Linguistics*, 1: 1–47.

Carroll, J. B. 1966. The contributions of psychological theory and educational research to the teaching of foreign languages [A]. In A. Valdman (Ed.). *Trends in Language Teaching* [C]. New York: McGraw-Hill, 93–106.

Celce-Murcia, M. 2001. Language teaching approaches: An overview [J]. *Teaching English as a Second or Foreign Language*, 2: 3–10.

Celce-Murcia, M., Brinton, D. M. & J. M. Goodwin. 1996. *Teaching Pronunciation: A Reference for Teachers of English to Speakers of Other Languages* [M]. Cambridge: Cambridge University Press.

Chomsky, N. 1957. *Syntactic Structures* [M]. The Hague: Mouton.

Chomsky, N. 1959. A review of B. F. Skinner's *Verbal Behavior* [J]. *Language*, 35(1): 26–58.

Chomsky, N. 1972. *Language and Mind (Enlarged edition)* [M]. New York: Harcourt Brace Jovanovich.

Coyle, D., Hood, P. & D. Marsh. 2010. *CLIL: Content and Language Integrated Learning* [M]. Cambridge: Cambridge University Press.

Cummins, J. 2008. BICS and CALP: Empirical and theoretical status of the distinction [A]. In Street, B. & N. H. Hornberger (Eds.). *Encyclopedia of Language and Education, Second edition, Volume 2: Literacy* [C]. New York: Springer Science + Business Media LLC, 71–83.

Darian, S. 1969. Backgrounds of modern language teaching: Sweet, Jespersen, and Palmer [J]. *The Modern Language Journal*, 53(8): 545–550.

Darnell, M., Moravcsik, E., Newmeyer, F., Noonan, M. & K. Wheatley. 1998. *Functionalism and Formalism in Linguistics, Volume 1: General Papers* [C]. Amsterdam & Philadelphia: John Benjamins Publishing Company.

Dewey, J. 1938. *Experience & Education* [M]. New York: Kappa Delta Pi.

Goodman, K. S. 2005. *What's Whole in Whole Language: 20th Anniversary Edition* [M]. Muskegon, MI: RDR Books.

Halliday, M. A. K. 1973. *Explorations in the Functions of Language* [M]. London: Edward Arnold.

Howatt, A. P. R. 1984. *A History of English Language Teaching* [M]. Oxford: Oxford University Press.

Hymes, D. H. 1972. On communicative competence [A]. In Pride, J. B. & J. Holmes (Eds.). *Sociolinguistics: Selected Readings* [C]. Harmondsworth: Penguin, 269–293.

Johns, T. 1994. From printout to handout: Grammar and vocabulary teaching in the context of data-driven learning [A]. In T. Odlin (Ed.). *Perspectives on Pedagogical Grammar* [C]. Cambridge: Cambridge University Press, 293–313.

Johns, T. 2002. Data-driven learning: The perpetual challenge [A]. In Kettemann, B. & G. Marko (Eds.). *Teaching and Learning by Doing Corpus Analysis* [C]. Amsterdam: Rodopi, 107–117.

Johnson, R. K. & M. Swain. 1997. *Immersion Education: International*

Perspectives [M]. Cambridge: Cambridge University Press.

Katona, G. 1940. *Organizing and Memorizing: Studies in the Psychology of Learning and Teaching* [M]. New York: Columbia University Press.

Kelly, L. G. 1969. 25 *Centuries of Language Teaching* [M]. Rowley, Mass: Newbury House.

Krashen, S. D. 1985. *The Input Hypothesis: Issues and Implications* [M]. London: Longman.

Kumaravadivelu, B. 2002. *Beyond Methods: Macrostrategies for Language Teaching* [M]. New Haven and London: Yale University Press.

Kumaravadivelu, B. 2006. *Understanding Language Teaching: From Method to Postmethod* [M]. Mahwah, New Jersey: Lawrence Erlbaum Associates.

Lally, C. 1998. Grammar in the second language classroom: An ever-changing role [EB/OL]. http://eric.ed.gov/?id = ED424752.

Larsen-Freeman, D. 1995. On the teaching and learning of grammar: Challenging the myths [A]. In F. R. Eckman *et al.* (Eds.). *Second Language Acquisition Theory and Pedagogy* [C]. Mahwah, New Jersey: Lawrence Erlbaum Associates, 131–150.

Larsen-Freeman, D. 2000. *Techniques and Principles in Language Teaching (Second edition)* [M]. Oxford: Oxford University Press.

Larsen-Freeman, D. 2003. *Teaching Language: From Grammar to Grammaring* [M]. Boston: Heinle & Heinle Publishers.

Leaver, B. & S. Stryker. 1989. Content-based instruction for foreign language classrooms [J]. *Foreign Language Annals*, 3: 269–275.

Legutke, M. & H. Thomas. 1991. *Process and Experience in the Language Classroom* [M]. London: Longman.

Lewis, M. 1993. *The Lexical Approach* [M]. Hove: Language Teaching Publications.

Li, X. 1984. In defence of the communicative approach [J]. *ELT Journal*,

38(1): 2–13.

Long, M. H. 1981. Input, interaction, and second-language acquisition [J]. *Annals of the New York Academy of Sciences*, 379(1): 259–278.

Long, M. H. 1996. The role of the linguistic environment in second language acquisition [A]. In Ritchie, W. C. & T. K. Bhatia (Eds.). *Handbook of Second Language Acquisition* [C]. San Diego, CA: Academic Press, 413–468.

Long, M. H. & P. Robinson. 1998. Focus on form: Theory, research, and practice [A]. In Doughty, C. & J. Williams (Eds.). *Focus on Form in Classroom Second Language Acquisition* [C]. Cambridge: Cambridge University Press, 15–41.

Mackey, W. F. 1967. *Language Teaching Analysis* [M]. London: Longman.

MacMahon, M. K. C. 1986. The international phonetic association: The first 100 years [J]. *Journal of the International Phonetic Association*, 16: 30–38.

Miller, G. A. 1956. The magical number seven, plus or minus two: Some limits on our capacity for processing information [J]. *Psychological Review*, 63(2): 81–97.

Moulton, W. G. 1963. *Linguistics and Language Teaching in the United States, 1940–1960* [M]. Washington, D. C.: US Government Printing Office.

Nunan, D. 1991. Communicative tasks and the language curriculum [J]. *TESOL Quarterly*, 25(2): 279–295.

Nunan, D. 2004. *Task-Based Language Teaching* [M]. Cambridge: Cambridge University Press.

Pawley, A. 1992. Formulaic speech [A]. In W. Bright (Ed.). *International Encyclopedia of Linguistics* [C]. Oxford: Oxford University Press, 2: 22–25.

Richards, J. C. & T. S. Rodgers. 2001. *Approaches and Methods in Language*

Teaching (*Second edition*) [M]. Cambridge: Cambridge University Press.

Rivers, W. M. 1992. Ten principles of interactive language learning and teaching [A]. In W. M. Rivers (Ed.). *Teaching Language in College: Curriculum and Content* [C]. Lincolnwood, Illinois: National Textbook Company.

Skehan, P. 2003. Task-based instruction [J]. *Language Teaching*, 36: 1–14.

Sperry, R. W. 1968. Hemisphere deconnection and unity in conscious awareness [J]. *American Psychologist*, 23(10): 723–733.

Stern, H. H. 1983. *Fundamental Concepts of Language Teaching* [M]. Oxford: Oxford University Press.

Stern, H. H. 1992. *Issues and Options in Language Teaching* [M]. Oxford: Oxford University Press.

Stevick, E. 1982. *Teaching and Learning Languages* [M]. Cambridge: Cambridge University Press.

Stoller, F. L. 2004. Content-based instruction: Perspectives on curriculum planning [J]. *Annual Review of Applied Linguistics*, 24(1): 261–283.

Stryker, S. B. & B. L. Leaver (Eds.). 1997. *Content-Based Instruction in Foreign Language Education: Models and Methods* [C]. Washington, D. C.: Georgetown University Press.

Swain, M. 1993. The output hypothesis: Just speaking and writing aren't enough [J]. *The Canadian Modern Language Review*, 50(1): 158–164.

Sweet, H. 1899. *The Practical Study of Languages: A Guide for Teachers and Learners* [M]. London: Dent.

Waters, A. 2007. Forty years of language teaching: The nineteen-nineties [J]. *Language Teaching*, 40(1): 12–13.

Watson, J. B. 1930. *Behaviorism* (*Revised edition*) [M]. Chicago: University of Chicago Press.

William, M. & R. L. Burden. 1997. *Psychology for Language Teachers: A*

Social Constructivist Approach [M]. Cambridge: Cambridge University Press.

Widdowson, H. G. 1978. *Teaching Language as Communication* [M]. Oxford: Oxford University Press.

车文博. 2003. 人本主义心理学 [M]. 杭州：浙江教育出版社.

陈修斋. 1986. 欧洲哲学史上的经验主义和理性主义 [M]. 北京：人民出版社.

董金伟. 2008. 后方法视角的外语教学：特征与要素 [J]. 外语教学理论与实践，1: 10–14.

（美）杜威. 1994. 学校与社会·明日之学校 [M]. 赵祥麟，任钟印，吴志宏译. 北京：人民教育出版社.

付克. 1986. 中国外语教育史 [M]. 上海：上海外语教育出版社.

顾曰国. 1998. 英语教学法（上）[M]. 北京：外语教学与研究出版社.

（德）黑格尔. 1959. 哲学史讲演录（第一卷）[M]. 贺麟，王太庆等译. 北京：商务印书馆.

（捷）夸美纽斯. 1999. 大教学论 [M]. 傅任敢译. 北京：教育科学出版社.

（英）培根. 1984. 新工具 [M]. 许宝骙译. 北京：商务印书馆.

施良方. 1994. 学习论：学习心理学的理论与原理 [M]. 北京：人民教育出版社.

武和平. 1999. 交际教学思想的全球化与本土化 [J]. 外语界，2: 2–7.

武和平，张维民. 2011. 后方法时代外语教学方法的重建 [J]. 课程·教材·教法，6: 61–67.

肖少北. 2001. 布鲁纳的认知——发现学习理论与教学改革 [J]. 外国中小学教育，5: 38–41.

张厚粲. 2003. 行为主义心理学 [M]. 杭州：浙江教育出版社.

张文忠. 2010. 国外依托项目的二语 / 外语教学研究三十年 [J]. 中国外语，2: 68–74.

章兼中. 1983. 国外外语教学法主要流派 [M]. 上海：华东师范大学出版社.

张云. 2007. 经验·民主·教育——杜威教育哲学 [M]. 上海：上海社会科学院出版社.

中华人民共和国教育部. 2001. 全日制义务教育普通高级中学英语课程标准（实验稿）[S]. 北京：北京师范大学出版社.

中华人民共和国教育部. 2012. 义务教育英语课程标准（2011 年版）[S]. 北京：北京师范大学出版社.